소년 테무친,
칭기즈칸이 되다

사랑하는 _____ 에게

세계를 향해 비전을 품는 어린이가 되세요.

_____ 가(이) 드려요.

소년 테무친, 칭기즈칸이 되다

주경희 글 | 류성민 일러스트

해와비

여는 글
미래의 글로벌 리더가 되려면 칭기즈칸을 만나세요

800여 년 전, 세계 역사상 가장 큰 땅을 정복해 동양과 서양이 만나게 한 위대한 통치자가 있었습니다. 최초의 글로벌 리더, 바로 칭기즈칸입니다. 오늘날에도 많은 기업이나 조직의 리더들이 그의 도전 정신과 융합 정신, 진취성과 기동성을 배우고 싶어 합니다.

"과거 천 년간 인류 역사상의 가장 위대한 인물"로 평가받는 칭기즈칸은 어떻게 그 엄청난 위업을 이룰 수 있었을까요?

칭기즈칸의 어릴 적 이름은 테무친입니다. 테무친은 몽골 고원을 떠도는 유목민의 작은 부족에서 태어난 평범한 소년이었습니다. 몰락한 부족장의 아들로 현실은 참담했지만 그는 마음속에 꿈의 씨앗을 심었습니다. 부족을 통일하고, 더 큰 세상으로 나가겠다는 도전의 씨앗이었습니다. 결국 어린 테무친은 수많은 고통과 불가능해 보이는 현실을 극복하고 영광의 칸이 되었습니다. 이 책을 읽으며 어린이 여러분은 테무친이 수많은 어려움을 불꽃같은 용기로 헤쳐 나가는 모습을 통해 지혜와 도전 정신과 모험심을 키울 수 있을 것입니다.

평범한 유목민 소년에서 세상 끝까지 정복한 칭기즈칸이 되기까지, 테무친은 냉철한 판단력과 두려움 없는 용기, 그리고 공명정대한 처세를 보여 주었습니다. 그것이 바로 테무친의 성공비결이었습니다. 칭기즈칸이 된 소년 테무친의 이야기를 읽는 어린이 여러분 모두가 세상에 영향력을 끼치는 글로벌 리더가 되는 멋진 상상을 해봅니다.

주경희 작가

여는 글 4

차례

영웅, 그 위대한 탄생 8
칭기즈칸의 성공 비밀 하나! 꿈의 씨앗을 뿌리다 20

안다, 소중한 형제의 맹세 22
칭기즈칸의 성공 비밀 둘! 용기 있는 선택으로 미래를 바꾸다 34

아버지의 죽음, 시련의 시작 36
칭기즈칸의 성공 비밀 셋! 목표가 있으면 시련도 이긴다 49

테무친, 거친 초원에 산다는 것은 51
칭기즈칸의 성공 비밀 넷! 어머니의 가르침을 가슴에 새기다 62

진정한 벗, 보오르추 64
칭기즈칸의 성공 비밀 다섯! 신뢰로 자기 사람을 만들다 77

테무친의 첫사랑, 보르테 79
칭기즈칸의 성공 비밀 여섯! 오래된 약속도 꼭 지킨다 91

새로운 바람, 더 큰 꿈을 향하여 93
칭기즈칸의 성공 비밀 일곱! 적도 끌어안는 포용력을 키우다 106

우정, 재기의 발판이 되다 108
칭기즈칸의 성공 비밀 여덟! 공평하게 사람을 대하다 120

칸, 초원의 지배자 122
칭기즈칸의 성공 비밀 아홉! 작은 힘을 모아서 큰 힘을 만들다 135

위기, 또 다른 기회 137
칭기즈칸의 성공 비밀 열! 실용 전략을 선택하다 150

칭기즈칸, 가장 위대한 왕 152
칭기즈칸의 성공 비밀 열하나! 더 발전된 방법을 찾다 167

개혁과 정복, 대제국을 향하여 169
칭기즈칸의 성공 비밀 열둘! 실패를 성공의 에너지로 삼다 184

주저앉는 순간, 미래는 없다 186
칭기즈칸의 성공 비밀 열셋! 도전하지 않으면 승리는 없다 199

영웅, 신화가 되다 201
칭기즈칸의 성공 비밀 열넷! 끊임없이 움직이다 214

영웅, 그 위대한 탄생

　　황량한 대지와 낮은 구름, 사시사철 메마른 바람이 부는 몽골에서는 농사짓기가 어려웠습니다. 사람들은 소와 말, 양과 염소를 키우며 살아갔습니다. 그래서 가축의 먹이가 되는 목초지를 찾아 이곳저곳을 떠돌았습니다. 그러나 풀이 무성하게 자라는 여름에 아무리 열심히 건초를 비축해 놓아도, 겨울 막바지로 접어들면 어김없이 가축에게 먹일 것이 바닥났습니다. 사람들도 배가 고프기는 마찬가지였습니다. 사람들은 살기 위해 동족끼리 패를 나누어 피를 흘리며 싸우거나 약탈을 일삼았습니다. 강한 자만이 살아남는 약육강식의 논리가 초원을 지배했습니다. 장차 세계를 제패할 위대한 지도자가 태어났을 때에도, 몽골 강 하류에서는 부족 간에 치열한 전투가 벌어지고 있었습니다.

"자, 사나운 타타르족을 향해 돌진하라! 나가자, 싸우자, 이기자!"

맨 앞에 선, 몽골족의 족장 예수게이가 우렁차게 외치며 불꽃을 향해 뛰어드는 불나방처럼 타타르족에게 덤볐습니다.

'이번만큼은 타타르족을 물리치리라!'

예수게이는 멧돼지 같은 힘과 용맹을 지녀 전쟁터에서는 그 누구도 상대할 수 없는 전사였습니다. 하지만 저돌적인 성격만큼이나 행동이 급해 그동안 타타르족과의 싸움에서 번번이 패했습니다.

"이 침입자야, 어서 빨리 항복하지 못하겠느냐!"

다타르족을 지휘하던 족장은 침입자란 말에 혈압이 올라갔습니다.

"누굴 보고 침입자래. 머리통 숫자부터 왕창 밀리는 주제에 우리와 싸워 보겠다고? 기다려라. 내가 너희를 지옥으로 보내 주겠다."

그때였습니다. 예수게이가 쏜 화살에 맞아 타타르족 장수 하나가 말에서 떨어졌습니다. 그것을 본 타타르 족장은 성질을 못 이겨 입에서 불을 뿜었습니다.

"예수게이! 한번 붙어 보자."

타타르 족장의 말이 끝나기가 무섭게, 예수게이의 화살이 허공에서 번쩍 빛나더니 타타르 족장 가슴에 꽂혔습니다. 족장이 부상을 당하자 타타르족 사람들은 혼란에 빠져 뿔뿔이 달아났습니다. 이때 예수게이가 단호하게 외쳤습니다.

"적들이 도망간다! 우리가 이겼다."

예수게이의 말에 응답하듯 곳곳에서 함성이 터져 나왔습니다.

"우아! 와와와!"

병사의 숫자가 상대보다 적은 불리한 상황에서 승리를 거두었기에 예수게이는 더욱 기뻤습니다. 예수게이는 사로잡은 타타르족 병사에게 물었습니다.

"너의 이름은 무엇이냐?"

"테무친이다."

 소년 테무친, 칭기즈칸이 되다

"테무친. 좋은 이름이다. 너의 이름을 잊지 않겠다."

테무친은 '최고의 강철' 혹은 '지상 최고의 사람'이란 뜻입니다. 예수게이는 타타르족의 포로와 빼앗은 가축을 이끌고 부족이 모여 사는 곳으로 당당하게 돌아왔습니다. 그런데 더 큰 선물이 그를 기다리고 있었습니다.

"아들입니다, 아들!"

예수게이의 부하 하나가 게르(유목민이 거처하는 이동식 천막집)에서 나오며 소리쳤습니다.

"내 아내 호엘룬이 아들을 낳았다고? 그게 정말인가?"

흥분과 감격에 휩싸인 예수게이는 게르 안으로 허겁지겁 달려 들어갔습니다.

"응애. 응애."

아기는 세상에 나왔다는 것을 천하에 알리려는 듯 우렁차게 울었습니다.

"고 녀석 울음소리 한번 크네."

검은 머리카락이 솜털처럼 보송보송하고 유난히 눈빛이 초롱초롱한 아이를 보며 예수게이는 함박만 하게 웃었습니다.

"영롱한 눈빛이 과연 내 아들답다."

사내아이의 탄생은 부족을 지켜 줄 전사의 탄생을 의미했습니다. 그리고 예수게이에게는 장차 자신의 뒤를 이을 후계자가 태어난 것이었습니다.

"근데……."

근심스러운 얼굴로 호엘룬이 무슨 말인가 하려다 멈췄습니다.

"무, 무슨 일이오?"

평소 단아하고 한 치 흐트러짐도 없는 호엘룬이었기에 예수게이는 순간 당황했습니다.

"사실은 아이가 오른손에 신비하기도 하고 불길하기도 한 것을 쥐고 나왔어요."

"신비하고 불길한 것이라니?"

"글쎄 손가락 마디만 한 검은 핏덩어리를 쥐고 나왔어요. 이게 좋은 징조인지, 불길한 징조인지……."

호엘룬의 말에 예수게이가 환하게 웃으며 말했습니다.

"아니 뭐가 걱정이오? 이 아이를 좀 보구려. 눈동자가 불처럼 반짝이고, 얼굴도 광채를 띠고 있지 않소? 예사롭지 않은 아이가 분명하니 걱정 마시오. 앞으로 훌륭하게 키웁시다."

평소 예수게이는 빈말을 하는 사람이 아니었습니다. 그런 남편이 장담을 하니, 호엘룬도 안심이 되었습니다. 또한 부족 사람들도 아기가 핏덩어리를 쥐고 출생한 것에 대해 장차 몽골고원을 통일할 큰 인물이 될 거라고 수군거렸습니다.

'아무렴. 네 손아귀에 천하를 쥐려무나.'

아이를 보며 마냥 웃어 대는 예수게이 옆에서 호엘룬이 말했습니다.

"여보, 뭐하세요? 어서 우리 아기의 이름을 지어 주셔야지요."

"아차! 이름을 지어야지. 그런데 무엇으로 짓는담?"

예수게이는 한동안 생각에 잠겼습니다. 그도 그럴 것이 유목민은 이름이 그 사람의 미래와 성격을 결정짓는다고 믿기 때문입니다. 그래서 매우 신중하게 생각했습니다. 그런데 이내 무슨 좋은 생각이라도 난 듯, 예수게이는 아이를 번쩍 들이 안고는 소리쳤습니다.

"테무친! 네 이름은 테무친이다."

테무친, 훗날 칭기즈칸이라 불리며 대륙을 평정할 위대한 영웅이 태어난 것입니다. 그런 테무친도 유년 시절에는 평범한 아이였습니다.

"으아악, 개다! 사람 살려!"

테무친은 유난히 개를 무서워해서 개를 보면 울기까지 했습니다.

"저렇게 약해서야 어찌 이 험한 초원에서 살아남을지……."

어머니 호엘룬은 테무친을 바라보며 걱정스런 눈빛으로 말했습니다.

"테무친! 개도 사람처럼 친해질 수 있어. 낯선 사람을 보고 짖는 것은 너무나 당연한 거야. 먹을 것을 주고 머리를 쓰다듬어 주렴. 그럼 개도 널 분명 좋아할 거야."

어머니 호엘룬은 그림자처럼 늘 테무친과 함께 있었습니다. 용기와 희망을 주는 것은 물론이고 잘못할 때는 타일러서 다시는 그런 일이 없도록 했습니다.

테무친은 크면서 어머니의 기대처럼 점점 씩씩해졌습니다. 사냥꾼을 따라 말을 타고 사냥하는 것을 즐겼습니다. 광활한 초원을 달리며 새와 짐승을 쫓아다녔습니다. 발에 걸치는 등자도 없이 말 위에 올라탄 채, 몸을 뒤로 돌려 화살을 쏠 정도로 뛰어난 실력을 갖게 되었습니다. 이것은 결코 쉬운 일이 아니었습니다. 게다가 활을 쏘려면 말고삐를 놓아야 하기 때문에 말과 한 몸이 되어야 합니다. 테무친의 활 솜씨는 활잡이라고 불리는 동생 카사르보다 한 수 아래였지만 동생조차도 테무친을 두려워했습니다.

밤이 되면 테무친은 어머니가 해주시는 이야기에 귀기울였습니다. 부족의 선조와 영웅들의 이야기는 테무친의 가슴에 스며들었습니다. 어느새 자기 부족이 초원에서 가장 강한 부족이라는 자부심까지 생겼습니다. 그러나 어느 한 곳에 머무르지 않고 끝없는 초원을 떠도는 부족들이 제각기 수많은 이름으로 나뉘어 서로에게 칼을 들이대며 싸우는 것을 이해할 수 없었습니다.

어느 날, 테무친은 아버지 예수게이에게 물었습니다.

"아버지! 우리 동족은 왜 서로 싸우고 뺏고 죽이나요?"

"그게 그렇게 궁금했단 말이냐? 하하하."

예수게이는 오랜만에 통쾌한 웃음을 터뜨렸습니다. 어린 아들이 벌써 그런 생각을 하는 것이 기특했습니다. 테무친은 참 묘한 느낌을 주는 아이였습니다. 밝은 갈색 피부에 아주 잘생긴 얼굴도 아닌데 여러 아이들 틈에서도 빛이 났습니다. 다른 아이들보다 훨씬 빨리 활쏘기를 배우고 실력도 훨씬 뛰어났습니다. 사람들은 테무친을 처음 보고도 그에게 끌렸습니다. 그러나 그보다 더 눈에 띄는 점은 냉철하고 강직한 성품과 무슨 일에든지 앞장서는 성격이었습니다. 잘 다듬으면 천하를 담을 그릇이 될 거라고 예수게이는 테무친을 볼 때마다 생각했습니다.

※ 류성민 일러스트

"아들아! 초원에서는 약한 자는 죽고 강한 자만 살아남는다. 그게 바로 우리가 사는 방법이지. 남을 죽이지 않으면 내가 먼저 죽고 마는 곳이 초원이야."

예수게이는 테무친을 대견스럽게 바라보며 말했습니다.

몽골의 겨울은 무척 길었습니다. 아주 춥고 혹독한 날씨가 계속되었습니다. 보통은 영하 40도, 초원 지대는 영하 50도까지 내려갔습니다. 어른도 견디기 힘든 날씨라 약한 아이들은 죽기까지 했습니다. 북쪽 시베리아 숲이 우거진 곳과 가까

이 있는 오논 강가에 거주하던 몽골족의 사정은 더욱 심각했습니다. 가축을 방목해 기를 만한 초원도 별로 없어 늘 굶주림과 추위에 맞서 싸워야 했습니다.

"테무친! 이런 날엔 몸을 움직이는 게 좋겠지? 내가 신호를 하면 저 지평선 너머까지 갔다오너라. 그곳에 무엇이 있는지 나에게 알려 주렴."

예수게이의 말이 끝나자 테무친은 말을 타고 내달렸습니다. 잔뜩 흐린 하늘에 눈발이 날렸습니다. 테무친은 지평선 끝으로 사라졌다가, 한참 만에 다시 지평선 위로 조금씩 모습을 드러냈습니다. 눈보라를 뚫고 달리는 테무친의 모습은 지쳐 보였지만 눈빛만큼은 형형했습니다. 너무 배가 고프고 힘들어서 고삐를 놓쳐 말에서 떨어지기도 했습니다. 그러나 테무친은 다시 말에 올라타서 달렸습니다. 말의 입가엔 입김이 얼어 허옇게 고드름이 매달렸습니다. 말고삐를 쥔 테무친 손도 동상으로 빨갛게 얼었습니다. 고삐를 놓치지 않기 위해서 동상 걸린 손이 아무리 아파도 참고 견뎌야 했습니다.

"테무친! 무엇을 보고 왔느냐?"

테무친은 거친 숨을 내쉬며 말했습니다.

"아무 생각도 안 나요, 아버지. 다만 죽을지 모른다는 생각뿐이었어요. 그것이 두려워 무작정 달렸습니다."

"그래, 바로 그거다. 죽음과 공포가 닥치면 오히려 큰 힘이 생긴단다. 우리는 항상 추위와 배고픔을 맞닥뜨린다. 그러나 역경을 극복해야 위대한 지도자가 되는 거란다. 자연을 두려워하지 않는 용맹이 있어야 세상을 지배할 수 있다."

테무친은 고비사막에서의 혹독한 훈련으로 어떤 고난도 이겨낼 수 있는 정신력이 생겼습니다. 초원을 달리며 다른 세상을 배우고, 훈련을 통해 정신과 육체를 키워 나갔습니다. 시련의 들녘에서 테무친은 담력과 용기를 지닌 강인한 소년으로 성장했습니다. 테무친은 가슴속에 비밀스럽고 큰 소망을 품었습니다.

칭기즈칸의 성공 비밀 하나!

★ 꿈의 씨앗을 뿌리다 ★

미국 최대의 신문인 〈워싱턴포스트〉는 지난 천 년간 인류 역사에서 가장 위대한 인물로 칭기즈칸을 선정했습니다. 사람들이 대륙을 넘나들어 서로 왕래할 수 있도록 만든 인물이라고 평가했어요.

유럽과 아시아를 정복한 칭기즈칸, 그의 어렸을 때 이름은 여러분도 잘 아시다시피 테무친입니다. 테무친의 어린 시절은 평범했습니다. 보통의 몽골 아이처럼 거친 초원에서 추위와 굶주림과 싸우며 생활했습니다. 테무친이 속한 부족은 황폐한 사막과 황무지를 떠돌아다니는 유목민이었어요. 기약할 수 없는 이동과 끝없는 전쟁, 잔인한 살육이 그가 배울 수 있는 세상일의 전부였지요. 그런 현실 속에서도 테무친은 큰 꿈을 키웠어요.

'부족을 통일해 초원에 평화를 가져오는 것.'

소년 테무친, 칭기즈칸이 되다

이것이 테무친의 꿈이었지요.

척박한 환경 속에서도 인내와 지혜와 용기를 배우며 꿈의 씨앗을 뿌린 것입니다. 그리고 그 꿈의 씨앗이 잘 자라도록 자신의 꿈을 머릿속에 확고히 새겼지요. 현실이 아무리 어려워도 꺼지지 않는 등불 같은 꿈을 마음속에 키우고 있다면 그 꿈은 반드시 이루어집니다. 꿈이 있으면 현실의 어려움에 굴복하지 않습니다. 현재의 어려움에 시선을 고정하지 않습니다. 꿈이 있으면 현실 너머에 있는 크고 위대한 미래를 바라봅니다.

마음속에 꿈의 씨앗을 심는 것에서부터 성공은 자라기 시작합니다. 지금 여러분 가슴속에는 어떤 꿈의 씨앗이 뿌려져 있나요?

안다, 소중한 형제의 맹세

몽골 초원에 봄이 왔지만 날씨는 여전히 추웠습니다. 기압 변화가 심하고 때때로 돌풍이 불어 사람들은 몸을 움츠리고 다녔습니다. 몽골 북부 오논 강에서 불어오는 바람은 여전히 매서웠습니다.

"테무친, 오늘 나와 함께 떠나자."

아침 사냥을 다녀온 예수게이가 말했습니다.

"어디를 가시는데요?"

"우리 몽골족 남자들은 어렸을 때 신붓감을 점찍어 놓는단다. 이제 너도 신붓감을 정해야······."

"아버지! 전 이제 겨우 아홉 살이에요!"

예수게이의 말이 끝나기도 전에 테무친이 말했습니다. 순간 예수게이는 화가 난 듯 이마를 찌푸렸습니다.

"테무친! 윗사람이 말할 때는 잠자코 듣고 있으라고 했지?"

말을 많이 하는 것을 꺼리는 몽골 전통에 따라 예수게이는 자식들에게 말을 아끼라고 늘 주의를 주었습니다. 테무친은 겁먹은 얼굴로 예수게이의 표정을 조심스럽게 살피며 말했습니다.

"죄송해요. 다신 안 그럴게요, 아버지."

"누구 말이든 세심하게 귀 기울여야 한다."

예수게이는 아직 어린데도 왜 혼인을 해야 하는지 테무친에게 설명해 주었습니다. 어릴 적에 미리 배우자를 정하는 이유는 씨족이나 부족 간의 동맹을 강화하기 위해서였습니다. 그래서 부모들은 자식들의 의지와 상관없이 자식의 배우자를 정해 주었습니다. 예수게이는 이참에 몽골 부족 안에서 평판이 좋고 강력한 세력을 떨치고 있는 올쿠누트 부족에서 테무친의 신붓감을 찾아보기로 한 것입니다.

⑱ 아버지 예수게이는 테무친을 데리고 신붓감을 찾아 길을 떠났다. (몽골 작가 그림)

예수게이와 테무친은 끝없이 펼쳐진 초원을 달렸습니다.
"테무친! 오늘은 저기서 하룻밤 신세를 지자."
드넓은 초원에 노을이 지고 있었습니다. 예수게이는 하룻밤 묵어갈 요량으로 저 멀리 보이는 게르로 향했습니다. 게르의 주인은 옹기라트족의 보스카올 씨족 족장인 데이세첸이었습니다. 데이세첸은 예수게이와 테무친을 반갑게 맞이하며 두꺼운 천막으로 된 게르로 안내했습니다.
"어서 오십시오. 우리 부족은 손님을 언제나 극진히 대접하지요."
게르 안 오른쪽에는 데이세첸의 아내와 아이들이 있었습

니다. 그 아이들 가운데 어린 보르테도 있었습니다. 안주인은 구운 양고기와 말 젖으로 만든 음료를 내놓았습니다.

유목 생활을 하는 부족은 말과 소와 양 떼를 길렀습니다. 이들은 양고기를 주로 먹고, 말 젖으로 만든 음료를 마시고, 가축의 젖으로 버터나 치즈를 만들었습니다. 목초가 풍부한 곳을 찾아 이리저리 옮겨 다녀야 하기 때문에 천막으로 된 게르에서 살았습니다. 이렇게 유목 생활을 하다 보니 같은 핏줄 사람들끼리 무리를 지어서 살았습니다. 이것을 씨족이라고 합니다. 이 씨족이 여럿 모이면 부족이 됩니다.

"근데 저 아이는 아드님이십니까? 눈이 불꽃같고 얼굴이 빛나는 게 장차 큰 인물이 될 것 같습니다."

데이세첸은 감동 어린 목소리로 말하며 테무친을 바라보았습니다.

"그렇게 말씀해 주시다니 영광입니다. 허허허."

"그런데 어딜 가는 길이십니까?"

"아들의 신붓감을 정하러 가는 길입니다."

예수게이의 말에 데이세첸의 눈이 반짝였습니다.

"제가 어젯밤 이상한 꿈을 꾸었습니다."

"무슨 꿈을 꾸셨는데 그러십니까?"

호기심이 생긴 예수게이가 물었습니다.

"하얀 매가 해와 달을 두 발에 움켜잡고 하늘에서 내려오더니 제 손등에 앉는 것입니다. 무슨 길몽인가 궁금했는데, 이렇게 귀한 손님이 찾아왔군요. 이 아이는 제 딸입니다. 보르테라고 하지요."

보르테는 테무친만큼이나 맑고 총명한 눈빛을 가지고 있었습니다.

"따님이 참 곱습니다."

"그렇게 말해 주시니 저 또한 영광입니다. 그나저나 아드님의 신붓감으로 제 딸아이는 어떻겠습니까?"

"네? 따님이요?"

생각지도 못한 일이라 예수게이는 선뜻 대답을 못하고 머뭇거렸습니다. 그런데 테무친은 첫눈에 보르테가 마음에 들었습니다. 보르테는 반짝이는 눈에 아름다운 용모를 가졌습니다. 가만히 보르테를 바라보던 테무친은 용기를 내어 아버지에게 속삭였습니다.

"아버지! 저 아이를 제 신붓감으로 정하면 어떨까요?"

소년 테무친, 칭기즈칸이 되다

"애야, 이 부족은 그리 강한 편이 못된단다. 기왕이면 강한 부족과 정혼해야 우리가 큰 힘을 얻을 수 있지 않겠니?"

그러나 테무친은 이미 결심을 굳혔습니다.

"아버님 말씀이 맞아요. 하지만 만약 저 아이와 혼인하면 우리 부족은 장차 천하를 얻게 될 거예요. 두고 보세요."

"허허. 녀석."

제법 자기 생각을 또렷하게 말하는 아들이기에 예수게이도 어쩔 도리가 없었습니다.

"좋습니다. 우리 사돈을 맺읍시다."

"위대한 전사의 집안과 사돈을 맺게 되다니, 참으로 영광입니다. 하하하."

이튿날, 아버지 예수게이는 테무친을 남겨 놓고 가족들이 있는 초원으로 돌아갔습니다. 혼사를 치르기 전까지, 신랑이 될 남자는 신부가 될 여자 집에 머무는 것이 초원의 오랜 관습이었습니다.

산같이 듬직한 아버지의 모습이 점점 멀어졌습니다. 테무친은 언덕에 앉아 멀어지는 아버지의 모습을 바라보았습니다. 보르테가 말했습니다.

"테무친! 눈부시게 푸른 저 하늘 좀 봐. 이렇게 하늘바라기를 하다 보면 구름이 멈추고 내가 둥실 떠가는 것 같아."

보르테의 말에 테무친은 고개를 들어 하늘을 올려다보았습니다. 정말 파란 하늘과 흰 구름 속에 붕 떠있는 기분이었습니다.

"테무친! 너는 뭘 제일 잘해?"

"어? 내가 잘하는 거?"

테무친은 갑작스런 질문에 잠시 머뭇거렸습니다. 그런데 저 멀리서 활쏘기 연습을 하고 있는 아이들의 모습이 보였습니다. 테무친은 대답했습니다.

"난 활을 잘 쏴."

"정말?"

"응. 내가 보여 줄게. 가자."

테무친은 보르테의 손을 잡아끌고 활쏘기를 하고 있는 아이들 쪽으로 달려갔습니다. 아이들은 마른 고기를 걸고, 활쏘기를 하고 있었습니다.

"이 시합에 내가 껴도 될까?"

"뭐? 네가?"

소년 테무친, 칭기즈칸이 되다

아이들에게 테무친은 한낱 꼬마에 불과했습니다.

"과녁 근처에도 못 갈 거야."

"몽골족은 졸고 있는 토끼도 놓친다지?"

"괜히 망신당하지 말고 그냥 가시지."

아이들의 비아냥거림에 테무친은 얼굴이 새빨개졌습니다.

"너희들은 테무친의 상대가 되지 못해. 테무친이 활 쏘는 것을 보면 놀랄 거야."

보르테가 테무친 편을 들며 나섰습니다.

"좋아. 만약 내기를 해서 이긴다면 이 마른 고기를 모두 주지. 하지만 진다면, 보르테와의 혼인을 포기해. 어때? 이래도 할 테야?"

"뭐? 보, 보르테를?"

"왜? 겁나? 역시 몽골 사람들은 겁쟁이구나."

"난 겁쟁이가 아냐. 난 할 수 있어."

그때, 난데없이 우렁찬 목소리가 들려왔습니다.

"그 내기에 나도 끼자!"

목소리의 주인공은 테무친 또래의 몽골 아이였습니다. 그 소년은 아이들 사이를 헤치고 들어오더니, 활을 빼들었습니다.

"만약 내가 진다면 내가 타고 온 말을 주지. 하지만 내가 이기면 너희들은 나와 이 몽골인 친구의 가랑이 밑을 기어가야 할 거야."

소년은 활을 들어 과녁에 겨누었습니다. 그리고 냅다 활시위를 당겼다 놓았습니다. 화살은 과녁에 명중했습니다.

"자, 이번엔 네 차례다."

테무친도 자신 있게 활을 들어 과녁을 겨누었습니다.

"탁!"

테무친의 화살도 어김없이 과녁 중심을 뚫었습니다.

"이번엔 너희 차례다."

조금 전까지 기세등등하던 아이들은 몽골 아이와 테무친의 뛰어난 활 솜씨를 보고는 잔뜩 기가 죽어 버렸습니다. 아이들은 조금씩 뒷걸음을 치더니 누가 먼저라고 할 것 없이 '걸음아 날 살려라!' 하며 도망쳤습니다.

"이 겁쟁이 녀석들아. 우리 가랑이 밑을 기고 가야지, 그냥 가면 어쩌냐?"

소년은 도망가는 아이들을 향해 호탕하게 외쳤습니다. 테무친은 이 아이가 왠지 듬직하게 느껴졌습니다. 처음 만났지만 오랜 친구처럼 친근했습니다.

"너 정말 용감하구나. 어디서 왔니?"

"나도 너와 같은 몽골인이야. 여행을 하다가 잠시 쉬어 가기 위해 이곳에 들렀지. 난 자무카라고 해."

자무카는 자다라트족 족장의 아들이었습니다. 멀게는 테무친과 친족이었기에 두 사람은 자연스럽게 가까워졌습니다.

"난 테무친이야. 우리 친구가 되지 않을래?"

"좋아. 그렇다면 안다의 맹세를 하자."

금방 친해진 테무친과 자무카는 초원이 내려다보이는 언덕 위로 올라갔습니다.

"하늘이시여, 땅이시여, 이제 여기 서있는 테무친, 자무카, 두 사람은 형제가 되었습니다. 같은 날 태어나지는 않았으나 같은 날 죽기를 바라오니, 저희를 굽어살펴 주시옵소서. 만약 저희 두 사람 가운데 의를 저버리고 형제의 정을 잊는 자가 있으면, 하늘과 사람이 그를 벌해 주십시오. 안다의 맹세로 의형제를 맺습니다."

'안다'는 자신과 같은 뜻, 같은 생각, 같은 행동을 하는 사람으로 피를 나눈 형제보다 더욱 가까운 존재를 뜻하는 말입니다.

"테무친, 저길 봐! 언젠가 이 모든 땅이 내 땅이 될 거야."

자무카는 진지한 눈빛에 자신감 넘치는 목소리로 말했습니다.

"칸이 되고 싶니?"

테무친이 묻자 자무카는 고개를 가로저었습니다.

"아니, 나는 칸 중의 칸이 되고 싶어. 이 몽골고원 전체의 칸이 될 거야."

"뭐? 몽골고원을 통일하겠다고? 네가?"

"물론이지. 언제까지 서로 나뉘어 싸울 수는 없잖아. 두고 봐. 난 몽골고원의 주인이 될 거야. 그때 테무친, 널 내 오른팔로 삼아 주지."

자무카의 말에 테무친은 미소를 지었지만, 몽골고원의 주인은 바로 자신이 될 거라고 생각했습니다. 테무친의 마음속에는 더욱더 뚜렷한 목표가 새겨졌습니다. 테무친은 그 큰 뜻을 가슴에 품었습니다.

'초원의 수많은 부족과 씨족을 통일시킨다. 얼마나 신나는 일인가? 난 할 거야. 해내고 말 거야. 내가 누군가? 몽골족의

족장 예수게이의 아들이다. 거기다 텡그리(하늘)의 명령을 받고 태어났잖아.'

칭기즈칸의 성공 비밀 둘!

★ 용기 있는 선택으로 미래를 바꾸다 ★

몽골 유목민의 최고 지도자로서, 인류 역사상 가장 큰 제국을 다스렸던 테무친. 그의 곁에는 지혜롭고 현명한 아내 보르테가 있었습니다. 테무친은 불과 아홉 살에 보르테를 만나 혼인하기로 했습니다. 보르테는 원래 아버지 예수게이가 정해 준 신붓감이 아니었습니다. 그러나 테무친은 보르테를 보고 자신이 누구와 결혼해야 할지 알았습니다.

주관이 뚜렷한 테무친은 평생의 반려자를 정하는 것이 인생에 있어 가장 중요한 선택이었기에 용기를 내어 말했습니다. 만약 테무친이 아버지에게 자신의 미래를 맡겨 버렸다면 어떻게 되었을까요? 보르테처럼 지혜롭게 테무친을 내조할 아내와 결혼할 수 있었을까요?

우리는 살아가면서 수많은 선택을 해야 합니다. 직업이나 결혼과 같이 아주 중요한 선택은 아직 어린이 여러분의 것은 아니지요. 여러분의 선택은 '공부를 할까, 놀까', 아니면 '회장 선거에 나갈까, 말까?' 등일 것입니다. 내가 선택해야 할 권리를 다른 사람에게 미루지 마세요.

"<u>스스로</u> 선택하자. 선택한 횟수만큼 자신감이 생긴다."

이 말을 기억하고 용기 있게 선택하는 사람이 되세요. 테무친이 용기를 내어 보르테를 아내로 얻었듯이 여러분의 용기 있는 선택이 미래를 바꾼답니다.

아버지의 죽음, 시련의 시작

    하늘에는 조각구름이 떠있고 초록빛 들판에는 갖은 빛깔의 꽃이 만발했습니다. 햇볕이 따가워 오랫동안 서있기가 부담스러웠지만 바람은 시원했습니다.
    데이세첸은 장래 사위가 될 테무친에게 살아남기 위한 맹훈련을 시켰습니다. 혼자 사막에서 생활하고 돌아오는 훈련이었습니다. 사막은 낮에는 무섭도록 덥다가 밤이 되면 기온이 뚝 떨어졌습니다. 나무를 긁어모아 모닥불을 피우며 늑대의 습격에 대비해야 했고, 조금만 틈을 보이면 날쌔게 내려와 덮치는 독수리의 공격도 피해야 했습니다. 생존을 위협하는 적들이 도처에 있었습니다. 모래언덕을 달리고 나서는 물을 찾아야 했습니다. 태양과 자신의 직감만이 나침반이 되었습니다. 한 치만 벗어나도 방향을 잃었습니다. 만약 물을 찾지 못한다면 테무친과 말은 죽을 수밖에 없었습니다. 테무친은 끝까지 단념하지 않고 모래바람을 피해 가며 물을 찾아냈습니다.

사막에서의 훈련을 마치고 테무친은 장인인 데이세첸과 세상 돌아가는 소식과 몽골족이 어떻게 살아가야 할지에 대해 이야기를 나눴습니다. 또 건장한 병사에게 말 타는 기술을 배웠습니다. 말의 배 밑으로 숨어서 달리는 곡예, 말에서 떨어지는 요령, 떨어진 다음 바로 일어나 적과 대항해 싸우는 요령 등 매일매일 훈련을 했습니다. 더욱 강해져야 한다고 생각한 테무친은 거센 물결이 치는 계곡 한가운데 서서 떠내려오는 통나무를 밀어내는 훈련도 했습니다. 데이세첸은 그런 테무친이 대견해 틈틈이 격려해 주었습니다.

"테무친! 힘들지만 견뎌야 해. 지금은 준비 기간이야. 큰 눈으로 세상을 보아라. 이 고비사막을 벗어나면 또 다른 세상이 있다. 그곳에도 실력을 기르며 천하통일의 때를 기다리는 적들이 있다. 우리가 강해지지 않으면 언제 당할지 모른다. 테무친, 너는 반드시 이 넓은 사막을 호령해야 한다. 그래서 몽골고원의 가장 괴로운 사막 생활을 맛보게 한 것이다. 사람도 말도 꼭 익혀야 할 몽골 정신을 만드는 최고 훈련이 사막 훈련이다. 고비사막을 건너 보지 않은 사람은 몽골 사나이가 아니다. 말도 마찬가지고."

아침 일찍부터 하늘이 심상치 않았습니다. 시커먼 구름이 꾸역꾸역 몰려드는가 싶더니 이내 빗방울이 게르를 때렸습니다.

"뭐야? 그게 사실인가?"

데이세첸의 목소리가 날카롭게 들려왔습니다. 게르 사이로 근심에 싸인 데이세첸의 얼굴이 보였습니다. 테무친은 순간 알 수 없는 불안이 엄습하여 불쑥 고개를 들었습니다. 한동안 눈물이 앞서 아무 말도 못하던 데이세첸이 한참 후에 테무친를 불렀습니다.

"테무친, 놀라지 마라. 네 아버지가 돌아가셨다는구나."

"그게 무슨 말씀이세요? 우리 아버지가 돌아가시다니요?"

"타타르 부족이 네 아버지를 독살했단다."

"말도 안 돼요. 우리 아버지가 타타르 족에게 죽을 리 없어요."

갑작스럽게 찾아온 시련을 테무친은 받아들이기 힘들었습니다. 너무 놀라 꼼짝도 못하고 온몸을 달달 떨었습니다.

"도저히 믿을 수 없어. 말도 안 돼요. 내가 직접 보기 전까지는 믿을 수 없어요. 아버지가 돌아가시다니요?"

안타깝게 바라보는 데이세첸과 보르테 앞에서, 테무친은 슬픔의 눈물을 흘렸습니다.

"어서 고향으로 돌아가 보아라. 어서."

데이세첸의 입에서는 긴 한숨이 새어 나왔습니다. 테무친은 고향으로 떠날 채비를 서둘렀습니다.

"보르테! 꼭 다시 돌아올게."

비는 그쳤고, 테무친은 데이세첸 앞에서 공손히 작별 인사를 하고 말에 올랐습니다. 테무친은 이제 어떤 용사에게도 밀리지 않을 만큼 당당하고 위풍이 있었습니다.

'어떡하다 이런 일이······.'

말을 타고 달리는 테무친의 머릿속은 슬픔으로 가득 찼습니다.

'아, 아버지……. 이게 꿈이라면 얼마나 좋을까? 아버지가 살아계신 그날로 시간을 되돌릴 수 있다면…….'

테무친의 머릿속에는 아버지와 함께했던 시간들이 주마등처럼 펼쳐졌습니다. 아버지는 몽골족의 수장으로 최고의 사냥꾼이요, 장수였습니다. 테무친에게는 훌륭한 지도자였습니다. 호탕한 웃음소리, 전쟁을 두려워하지 않는 용맹스러움까지, 아버지가 그리웠습니다. 어디선가 바람을 타고 아버지의 목소리가 들리는 것 같았습니다.

"우리 부족은 전부 네 것이다. 테무친! 땅끝까지 달려라. 네가 온 땅을 차지할 날이 꼭 올 거다."

테무친이 집으로 돌아왔을 때, 아버지를 잃은 고통보다 더한 시련이 테무친을 기다리고 있었습니다.

"어린 테무친에게 우리 미래를 맡길 수 없습니다. 예수게이가 죽은 것은 그 아내 호엘룬 때문입니다. 호엘룬이 재앙을 몰고 온 것입니다."

족장 자리를 호시탐탐 노리던 탈구타이는 재앙의 원인이 테무친의 어머니라며 누명을 씌웠습니다. 사실 예수게이가

※ 예수게이가 죽자 테무친을 믿지 못한 부족 사람들은 모두 떠났다. (몽골 작가 그림)

이끌던 보르지긴 계 부족은 타이치우트 부족의 통치를 받고 있었습니다. 그런데 장수인 예수게이가 죽자 그 부족들이 예수게이의 가족을 버리기로 마음먹은 것입니다.

"이제 이 땅에서는 아무것도 기대할 게 없습니다. 어서 떠납시다."

어제까지만 해도 예수게이에게 충성했던 신하와 테무친에게 다정했던 이웃들이 하나둘 등을 돌렸습니다.

"게르를 접어라. 출발이다. 저 과부와 아이들은 그냥 두어라! 저들의 운명은 하늘에 맡겨라!"

"전 예수게이의 아들이에요. 저도 아버지만큼 잘할 수 있어요! 저를 믿어 달라구요!"

테무친은 떠나가는 부족 사람들을 가로막고 절규했습니다. 테무친의 절규는 공허한 메아리가 되어 사라졌습니다. 아무도 테무친의 말을 들어주지 않았습니다. 의리만으로는 살 수 없는 곳이 바로 초원이기 때문입니다. 아직 자기 가족조차 보호할 수 없는 테무친을 그들이 자신들의 주인으로 받아들일 리 없었습니다. 어린 테무친에게 공손할 사람은 아무도 없었습니다.

"그래, 어서 마음대로 가라. 나는 결코 너희들을 배반자로 생각하지 않겠다. 너희도 살길을 찾는 거겠지."

테무친은 이를 악물었습니다. 족장 자격까지 잃은 상태에서도 테무친은 의연했습니다. 무엇보다 예수게이의 아들로서 당당한 모습을 보여 주었습니다. 사람들은 테무친의 가족을 남겨 두고 하나둘 떠나기 시작했습니다. 이때 한 노인이 나섰습니다.

"이 불쌍한 가족을 여기 두고 우리만 떠나겠다는 것인가? 그러고도 너희들이 위대한 텡그리(하늘)의 자손이란 말이냐?"

소년 테무친, 칭기즈칸이 되다

그러자 한 사내가 나서며 맞받아쳤습니다.

"뭐야? 지금 우리를 비난하는 거냐? 이것이 초원에서 살아남는 방법인 줄 모른단 말이냐? 우리 형제들도 아버지를 잃고 저렇게 버림받아 초원에서 연명했다. 저들이 살아남건 죽건 그건 하늘의 뜻이다. 그게 운명이다."

"천벌받을 놈들! 살아 생전, 네가 저지른 죄과에 대한 벌을 응당 받을 것이다."

"아니 저 노인이 미쳤나?"

사내는 노인의 뒤로 돌아가더니 그의 등에 창을 꽂았습니다. 호엘룬과 테무친, 그리고 나머지 가족들은 그 광경을 충격 속에 지켜봤습니다. 거의 숨이 끊어지게 된 노인이 휘청거리며 자기 게르로 돌아갔습니다. 테무친은 노인을 따라갔습니다.

"탈구타이는 예수게이 족장의 백성을 도련님 곁에서 멀리 떼어 놓으려 하고 있습니다. 사실 아버님이 타타르족의 손에 죽임을 당하신 것도 저 나쁜 탈구타이가 배신했기 때문입니다."

"뭐라고요?"

노인은 힘겹게 숨을 내쉬었습니다. 그리고 마지막 힘을 다하여 손짓을 섞어가면서 당부했습니다.

"도, 도련님! 훌륭한 장수가…… 되어 반드시 원수를 갚……."

노인은 말을 다 마치지도 못하고 숨을 거두었습니다. 테무친은 자기를 위해 용기를 보이고 죽어 간 노인을 바라보며 두 주먹을 불끈 쥐었습니다. 아홉 살의 어린 나이로, 한 부족의 우두머리가 된 테무친의 가슴속에서 뜨거운 다짐이 차올랐습니다.

'반드시 원수를 갚으리. 반드시 내 부족을 되찾으리.'

부족민들은 벌써 저 멀리 가고 있었습니다. 바로 그때, 어머니는 자기 가족을 버리고 떠나는 사람들을 말을 몰고 뒤쫓아 갔습니다. 그리고는 죽은 남편 예수게이의 머리카락을 높이 쳐들고 그들 주위를 맴돌았습니다. 몽골족들은 머리를 영혼이 깃드는 중요한 신체 부분으로 여겼습니다. 그 일부인 머리카락을 부족 앞에서 흔든 것은 그들의 양심을 자극하고 같은 부족 사람을 버린 이들에게 무서운 저주를 퍼붓는 행동이었습니다.

소년 테무친, 칭기즈칸이 되다

"예수게이가 부족을 위해 얼마나 애썼는지 너희는 모른단 말이냐? 예수게이가 너희를 위해 흘린 땀과 피를 기억하지 못한단 말인가?"

어머니의 호령에 행렬이 흐트러졌습니다. 사람들은 잠시 마음이 흔들렸습니다.

"정말 저주를 받는 것은 아닐까?"

부족은 행렬을 멈추고 야영할 곳을 찾았습니다. 그러나 이튿날, 탈구타이의 일행이 되돌아와서는 테무친 가족의 가축마저 도둑질하여 황급히 빠져나갔습니다. 예수게이의 백성이었던 부족들은 오논 강을 따라 모두 사라지고 테무친 가족만 남았습니다. 어머니와 어린 동생들, 그리고 배다른 형제인 벡테르와 벨구테이가 있었습니다. 테무친 가족은 유목민의 주인에서 하루아침에 낙오자 신세가 되었습니다.

"오냐, 다들 떠나거라. 내 아들 테무친이 비록 나이는 어리나, 그 용맹함은 누구에게도 뒤지지 않는다. 굳센 아버지의 피를 받은 테무친이 반드시 옛날의 권세를 되찾고야 말 것이다."

어머니의 힘찬 목소리를 테무친은 마음속에 깊이 새겼습니다.

'그래, 난 어머니 말씀대로 용맹한 전사가 되어야 해.'

모두 떠난 텅 빈 초원에는 테무친 가족의 게르만 남았습니다. 어머니는 아이들에게 말했습니다.

"사람들이 왜 우리 곁을 떠났는지 아느냐? 이 초원에서는 힘이 없으면 소용이 없단다. 강해져야 한다. 강하지 않으면 아무도 널 따르지 않는단다."

가축을 다 빼앗긴 테무친의 가족은 그야말로 막막했습니다. 어머니는 배고파 우는 어린 자식들에게 먹일 것을 찾아야 했습니다. 어머니는 모자를 단단히 눌러쓰고 치마를 바짝 여미고, 굶주린 자식들을 위해 밤낮으로 먹을 것을 찾아 헤맸습니다. 먼 길을 돌아 집에 온 어머니의 볼은 찬바람에 얼어 있었습니다. 빨갛게 언 어머니의 손에는 어디선가 구해온 풀과 나무 열매가 들려 있었습니다.

"어머니, 추우시죠? 너무 힘드시죠?"

"힘들긴……."

테무친은 들판에 땅굴을 파고 사는 들짐승처럼 쥐를 잡아

먹었습니다. 몽골사막의 치열한 생존 싸움에서 살아남기 위해서는 쥐라도 잡아먹어야 했습니다. 이러한 생활은 테무친을 더욱더 강하게 만들었고 용맹한 전사로 단련시켰습니다.

'난 위대한 전사 예수게이의 아들이다.'

테무친은 친족에게 외면을 당하고 모든 사람들에게 배반당해 굶주림과 궁핍에 시달렸지만 용기를 잃지 않았습니다. 동생들도 차츰 크면서 먹을 것을 스스로 구했습니다. 짐승의 뼈를 날카롭게 갈아 화살과 낚싯바늘을 만들었습니다. 오논 강에서 낚시를 해서 숭어를 꽤 많이 잡을 때도 있었고, 송사리를 그물로 잡아서 집으로 가져올 때도 있었습니다. 어머니는 매일 밤 아이들을 모아 놓고 조상들의 무용담과 전설을 들려주면서 용기를 북돋았습니다.

"우리가 몰락해 이런 생활을 하고 있어도, 너희의 근본을 잊어서는 안 된다. 우리 집안은 훌륭한 집안이고 너희 아버지는 여러 부족의 어른이셨다. 그러니 너희들은 아버지의 뒤를 이어 집안을 일으켜 세워야 한다. 그게 너희들의 의무다."

테무친은 어머니의 말을 들을 때마다 결의를 다지며 말했습니다.

"무슨 일이 있더라도 반드시 우리 집안을 다시 일으켜 세우겠어요. 모든 몽골 부족의 지도자가 되겠습니다."

★ 목표가 있으면 시련도 이긴다 ★

갑자기 찾아온 시련 앞에서 테무친은 절망하지 않았습니다. 오히려 뚜렷한 목표를 세웠습니다. 어린 테무친에게 아버지의 죽음은 커다란 시련이었습니다. 테무친은 아무 준비 없이 가장이 되었습니다. 부족 사람들은 테무친 가족을 버리고 자기 살길을 찾아 떠났습니다. 테무친 집안은 몰락의 길을 걷게 되었습니다. 아버지의 죽음이라는 시련을 겪은 후 테무친은 가난과도 싸워야 했습니다.

이런 상황은 어린 테무친을 더욱 강하게 만들었습니다.

"무슨 일이 있어도 우리 집안을 다시 일으켜 세울 거야. 그리고 반드시 아버지 뒤를 잇는 부족의 지도자가 되고 말겠어."

어린 테무친은 혹독한 시련 앞에서 두 주먹을 불끈 쥐었습니다. 부족을 통일하겠다는 꿈을 마음에 품었던 테무친은 아버지의 죽음으로 몰락한 집안을 일으켜 세우겠다는 더 시급

한 목표가 생겼습니다.

  구체적인 목표가 있으면 시련을 너끈하게 이기는 에너지가 생깁니다.

  "한 달 후까지 나는 무엇을 할 것이다."

  "일 년 후까지 나는 무엇을 할 것이다."

  이렇게 구체적으로 목표를 정하고 나면 우리 안에 잠재된 에너지가 빛을 발하게 됩니다.

테무친, 거친 초원에 산다는 것은

여름이 비교적 짧은 초원의 파란 하늘에는 누군가가 사는 것 같습니다. 매일 다양한 모양의 구름을 만들어 놓으니까요. 눈부시게 푸른 하늘과 몽실몽실 떠도는 구름을 올려다보고 있는 테무친을 부르는 사람이 있었습니다.

"테무친!"

"어? 자무카!"

가까이에 살고 있는 자무카가 놀러 왔습니다. 두 사람은 산기슭에서 놀았습니다. 자무카는 송아지 뼈로 소리 나는 화살을 만들었고, 테무친은 나무 화살을 뾰족하게 깎아 서로 주고받았습니다.

"저 멀리 날아가는 종달새를 누가 잡는지 활쏘기를 해볼까?"

"좋아."

새들은 거센 바람에 밀리듯 허약한 날갯짓을 하다가 내려앉고 다시 조금 날아가다가 내려앉았습니다. 날개를 파닥거리며 우쭐우쭐 날아가는 종달새를 바라보며 자무카가 활시위를 팽팽하게 잡아당겼습니다. 그러나 빗나갔습니다. 이번에는 테무친 차례였습니다. 테무친은 활줄을 점검하고 촉이 예리한 화살 하나를 골라 종달새를 향해 힘차게 당겼습니다. 날아가던 종달새가 비명 소리를 내며 땅으로 떨어졌습니다. 날마다 사냥을 다녔기에 테무친은 하늘을 나는 새와 들판을 달리는 짐승을 백발백중 명중시켰습니다.

테무친과 자무카가 사냥해서 떨어진 종달새를 찾으러 갈 때였습니다. 어디서 나타났는지 벡테르가 종달새를 들고 있었습니다.

"그건 내가 잡은 새야!"

"먼저 줍는 사람이 임자 아닌가?"

벡테르는 차갑게 말했습니다. 순간 테무친은 분노가 치밀어 올랐습니다. 벡테르는 종달새를 가지고 벌써 달아나 버렸습니다. 자무카와 헤어져 집으로 돌아 온 테무친은 분을 삭이지 못했습니다.

"테무친! 왜 그렇게 화가 나있는 거니?"

어머니가 물었습니다.

"벡테르 형이 내가 잡은 새를 빼앗아 갔어요."

어머니는 테무친을 타일렀습니다.

"그런 건 아무래도 좋다. 뭐냐, 대체? 형제끼리 싸우다니!"

"어머니! 벡테르 형과는 이제 한 집에서 살 수 없어요."

"아니 그게 무슨 소리냐? 벌써 넌 네 적이 누구라는 걸 잊었니? 네 적은 벡테르가 아니라 타이치우트야. 네가 생각해야 할 것은 단 한 가지, 타이치우트 부족이 우리에게 준 모욕을 어떻게 갚느냐다."

테무친은 어머니의 말뜻을 알고 있었습니다. 그러나 배다른 형제인 벡테르가 너무 싫었습니다. 형이라는 이유로 무엇이든 자기 마음대로 하는 벡테르는 툭하면 테무친과 마찰을

빚었습니다. 그러나 이러한 엄격한 위계질서는 초원의 유목민에게 당연한 일이었습니다.

그날 밤, 어머니는 아이들을 모두 불렀습니다. 그리고는 아이들에게 화살을 한 개씩 주고는 그것을 꺾어 보라고 했습니다. 테무친과 아이들은 화살을 손쉽게 부러뜨렸습니다. 다시 화살 다섯 개를 한 다발로 묶어서 내밀었습니다. 이번에는 아무도 꺾지 못했습니다.

"잘 들어 두어라. 너희들이 제각기 따로 떨어지면 한 개의 화살이 쉽게 부러지듯 금세 꺾이고 만다. 그러나 이렇게 한 다발로 뭉치면 아무도 무너뜨리지 못하는 거야."

"……."

"너희들은 비록 어머니가 다르지만 모두 같은 아버지의 피를 이어받은 형제잖니? 테무친! 내 말 알겠지?"

어머니는 성난 테무친을 달래고 타일렀습니다.

"네."

테무친과 가족들은 하루하루를 아슬아슬하게 살아갔습니다. 여전히 굶주림과 추위를 견디고 동물들의 습격을 받으며 살았습니다. 시시때때로 다가오는 적의 위협을 피해 한밤중에도 짐을 싸서 다른 곳으로 피해야 했습니다. 그야말로 집 없는 부랑자 같은 신세였습니다.

하루 종일 먹을 것을 찾기 위해 헤매던 테무친과 동생 카사르는 강으로 나왔습니다. 그리고는 각자 맡은 역할대로 일사불란하게 움직였습니다. 동생들이 물고기 떼를 한쪽으로 몰면, 길목을 지키고 있던 테무친이 물고기를 잡았습니다.

"잡았다!"

"이 정도면 오늘 저녁은 든든히 먹을 수 있겠어."

"이게 다 형의 낚시 솜씨 덕분이야."

저녁에 있을 조촐한 만찬을 기대하며 형제는 기뻐했습니다. 그런데 잠시 방심한 사이, 누군가가 형제의 물고기를 가로챘습니다.

"무슨 짓이야?"

이번에도 물고기를 가로챈 사람은 다름 아닌 테무친의 이복형제인 벡테르와 벨구테이였습니다.

"당장 내놓지 못해? 그건 우리가 잡은 물고기야."

"물고기 주인이 따로 있나? 이제 우리 손 안에 있으니 물고기는 우리 거야."

테무친은 더는 참을 수 없었습니다. 이런 식으로 계속 빼앗겼다가는 굶어 죽기 때문입니다.

'이제는 못 참아. 아니 참아서는 안 돼.'

어느새 벡테르와 벨구테이는 물고기를 갖고 유유히 사라졌습니다. 카사르는 눈물을 글썽였습니다.

"운다고 해결되지 않아. 자, 무기를 들어라. 이제 전쟁이다."

활을 챙겨 든 테무친은 카사르와 함께 벡테르의 뒤를 밟았습니다. 얼마 후, 물고기를 구워 먹고 있는 벡테르와 벨구테이의 모습이 보였습니다. 테무친은 벡테르에게 다가가 활을 겨누었습니다.

"왜, 왜 이래? 무슨 짓이야!"

"내가 왜 이러는 줄 몰라서 그래? 나는 형과 형제라고 생각했어. 하지만 형은 내 목숨을 빼앗으려 했지."

"무슨 소리야? 난 널 죽이려 한 적이 없어."

"초원에서 먹을 것을 빼앗는 것은 목숨을 노리는 것과 똑같아. 내가 죽기 전에 내가 먼저 형을 죽인다."

불같은 성격에 무서우리만큼 복수심이 강한 성격인 테무친은 벡테르를 향해 활시위를 힘껏 잡아당겼습니다.

"사, 살려줘. 내가 잘못했어. 다시는 그러지 않을게."

벡테르는 손이 발이 되도록 빌었습니다. 테무친은 이만하면 됐다고 생각하고, 활을 내려놓으려 했습니다. 그때였습니다. 벡테르는 테무친이 방심한 틈을 타서 테무친에게 달려들었습니다.

"휘이익."

테무친은 본능적으로 겨누었던 화살을 벡테르를 향해 발사했습니다. 너무나 순식간에 일어난 일이었습니다. 벡테르는 피를 토하며 그 자리에서 쓰러졌습니다.

"형, 벡테르 형! 제발 눈 좀 떠 봐."

그제야 테무친은 자기가 무슨 일을 저질렀는지 깨달았습니다. 하지만 후회하기에는 너무 늦었습니다. 테무친과 동생들은 벡테르가 죽어 가는 것을 두고 볼 수밖에 없었습니다. 날이 어두워질 무렵, 테무친과 동생들은 잔뜩 겁이 난 모습으로 어머니의 게르에 들어섰습니다.

"너희들 무슨 일이냐?"

뭔가 이상하다고 느낀 어머니가 물었습니다. 그러나 벡테르가 죽었다고 말하는 아이는 아무도 없었습니다.

소년 테무친, 칭기즈칸이 되다

"테무친! 카사르!"

어머니의 불같은 호령에 테무친과 카사르는 그제야 고개를 들었습니다.

"그런데 벡테르가 보이지 않는구나."

"……"

테무친과 카사르는 대답하지 못하고 다시 고개를 숙였습니다. 답답해진 어머니가 카사르를 다그쳐 물었습니다.

"벡테르가 어디 있느냐고 물었다!"

그러나 카사르 역시 어머니의 질문에 아무런 대답을 못하고 겁을 먹고 울기 시작했습니다.

"너희들 혹시?"

불길함을 느낀 어머니는 테무친과 카사르를 무서운 눈으로 노려보았습니다. 테무친은 성난 어머니의 모습에 진땀을 흘렸습니다. 그때 카사르가 엉엉 울면서 말했습니다.

"테, 테무친 형이 벡테르 형에게 화살을 쏘았어요."

"테무친, 카사르! 그, 그게 정말이냐? 도대체 어째서?"

"테무친 형이 잡은 물고기를 벡테르 형이 훔쳤어요."

"고작 그런 일로 벡테르에게 화살을 쏘았단 말이냐?"

어머니는 크게 노하며 테무친에게 소리를 질렀습니다. 그러자 고개를 숙이고 있던 테무친이 억울하다는 듯 말했습니다.

"정말로 쏠 마음은 없었어요. 그런데 벡테르 형이 갑자기 달려드는 바람에……."

"그래도 그렇지? 어떻게 그런 일을?"

"제 사냥감을 훔친 형은 제 목숨을 노린 것이나 마찬가지예요. 계속해서 참았다면 전 굶어 죽고 말았을 거예요."

형제도 경쟁자가 될 수밖에 없는 거친 초원의 현실을 어머니도 잘 알고 있었습니다. 그러나 아무리 그렇다고 해도 형제를 죽인 테무친의 죄를 쉽게 용서할 수 없었습니다.

"아니 네가 어떻게, 어떻게 그런 일을……. 꼴도 보기 싫다. 썩 나가거라."

그날 밤, 어머니의 게르 안에서는 통곡소리가 흘러나왔습니다. 비록 자기 배에서 낳은 자식은 아니었지만, 어머니는 진심으로 벡테르의 죽음을 슬퍼했습니다. 어머니가 눈물을 흘리는 이유는 비단 벡테르의 죽음 때문만은 아니었습니다. 살아남기 위해서는 형제마저 적으로 대할 수밖에 없는 비참한 현실 때문이었습니다. 거기다가 이번 일은 타이치우트족에게 공격의 빌미를 줄 수 있었습니다. 타이치우트족이 테무친을 살인자라며 처단하려고 할 게 뻔했기 때문입니다. 타이치우트족이 테무친을 벌한다 해도 그것을 욕할 사람은 아무도 없었습니다. 그러나 어머니의 마음을 더욱 아프게 한 것은 형제간의 살육이었습니다. 어머니는 테무친의 행동을 용서할 수 없었습니다. 어머니는 두 손을 모아 기도했습니다.

"두 번 다시 이런 비극이 일어나지 않게 해주십시오. 우리 아이들이 무사히 초원에서 살아남을 수 있게 해주십시오."

게르 밖에는 벌써 몇 시간째, 테무친이 무릎을 꿇고 앉아 있었습니다. 어머니의 기도 소리는 테무친의 귀에도 들렸습니다. 어머니의 기도 소리에 테무친의 눈가에서는 저절로 눈물이 흘러 내렸습니다. 참회의 눈물이었습니다. 테무친은 중얼거렸습니다.

'제가 어리석었습니다. 그 어떤 시련이 닥쳐도, 그 어떤 고난이 닥쳐도 내 가족, 내 형제는 꼭 지키겠습니다.'

칭기즈칸의 성공 비밀 넷!

★ 어머니의 가르침을 가슴에 새기다 ★

몽골의 한자식 표현 몽고(蒙古)는 '아둔한 옛 것'을 뜻해요. 실제로 몽골 유목민은 문자도 없는 미개한 민족이었어요. 이처럼 야만적이고 거친 부족이기에, 죽고 죽이는 살벌한 생존 전쟁이 늘 있었지요. 이런 극한 상황 속에서는 이해하지 못하는 많은 일들이 아무렇지 않게 벌어집니다. 하지만 테무친의 어머니는 테무친이 이복형제를 죽인 것에 대해서는 용납하지 않았습니다. 아무리 상황이 급박하고 내 목숨이 경각에 달렸어도 지켜야 할 것이 있다고 본 것입니다. 어머니는 테무친을 크게 꾸짖었습니다. 어려운 환경 속에 있을수록 가족 간의 우애와 사랑이 얼마나 중요한지 가르쳤습니다.

테무친의 어머니는 마음이 굳세고 지혜로웠습니다. 어머니는 테무친에게 많은 이야기를 들려주었습니다. 그 이야기 속에는 인간의 약함과 부족함, 경솔함을 일깨워 주는 우화와

예화가 많았습니다.

 어머니는 어린 테무친에게 성급함이 얼마나 위험한지 강조했습니다. 특히 지도자가 내리는 결정에 한 부족은 물론 그 나라의 장래가 달려 있기에 신중하고 책임감 있는 결정이 얼마나 중요한지 말해 주었습니다.

 또 삭막한 초원에서 살아남는 길은 복수가 아니라 협력임을 가르쳐 주었습니다.

 "어떤 고난이 닥쳐도 내 가족, 내 형제는 꼭 지키겠습니다."

 테무친은 자신의 경솔했던 행동을 뉘우치고 어머니의 가르침을 가슴에 새겨 놓았습니다.

진정한 벗, 보오르추

"살인자 테무친을 잡아라!"

그동안 테무친을 배반하고 떠난 사람들을 포섭하고 점차 세력을 키워 나간 타이치우트족의 탈구타이는 자신이 고비 사막의 진정한 지배자라고 선포했습니다. 그리고는 오랫동안 눈엣가시로 여겼던 테무친이 이복형제를 죽였다는 소식을 듣자, 살인자를 벌한다는 빌미로 테무친이 살고 있는 야영지를 급습했습니다. 테무친과 가족들이 무기를 들고 나왔지만 기마 전사들이 무시무시한 기세로 질주하고 있어 맞설 힘이 없었습니다.

"얘야, 넌 숲으로 숨어라."

어머니는 테무친을 재촉했습니다. 테무친은 깊은 숲 속으로 숨어들었습니다. 그 사이 미처 도망가지 못한 어머니는 그만 타이치우트족에게 붙잡히고 말았습니다. 그런데 웬일인지 어머니를 순순히 놓아주었습니다.

"우리가 바라는 것은 테무친이다. 호엘룬은 필요없다! 어서 테무친을 내놓아라."

테무친은 산마루 안쪽 더 깊은 숲 속으로 도망갔습니다. 말이 접근하기 힘든 숲에 이르자 추격자들은 숲을 포위해 테무친을 옴짝달싹 못하게 했습니다. 꼼짝없이 숲에 갇히게 된 테무친은 먹을 것이 없어 굶어 죽게 되었습니다. 간신히 나무 열매를 따먹으며 연명해 나갔습니다. 사흘 밤낮을 숲 속에 웅크려 앉아 숨어 지냈습니다. 그러다가 테무친은 굶어 죽을 바에야 위험을 감수하는 게 낫다는 생각이 들었습니다. 결국 테무친은 타이치우트의 군사에게 생포되었습니다. 그러나 테무친의 모습은 당당했습니다.

"저 아이 하나를 잡기 위해 전사 수백 명이 동원되다니. 역시 예수게이의 아들답구나."

"맞아. 역시 피는 못 속인다니까."

다들 몰라보게 늠름해진 테무친을 보며 놀라워했습니다. 탈구타이는 사람들의 이런 반응을 경계했습니다.

"살인자에게 칼을 씌워라. 데려가서 노예로 부려 먹을 테다."

칼은 죄인의 목에 씌우는 형틀이었습니다. 탈구타이는 테무친에게 칼을 씌우고 테무친의 양손을 결박한 뒤, 집집마다 끌고 다녔습니다.

"모두 들어라. 이 세상에 예수게이는 이제 없다. 나를 따르지 않는 자는 모두 테무친 같은 꼴이 될 것이다. 하하하."

탈구타이는 테무친을 온 동네를 끌고 다니다가 보초병에게 넘겼습니다.

"드디어 예수게이의 그림자를 완전히 없애 버렸다. 오늘은 참으로 기쁘구나. 하하하."

탈구타이는 테무친을 사로잡은 것으로 혹시 모를 복수에 대한 부담을 떨쳐낸 듯했습니다. 타이치우트족은 그날 저녁 고기를 굽고 술을 마시며 한바탕 축제를 벌였습니다. 테무친

소년 테무친, 칭기즈칸이 되다

을 감시하는 보초병은 별로 힘이 없어 보였습니다. 영리한 테무친은 한 가지 생각을 해냈습니다. 테무친은 타이치우트족이 밤늦게까지 마음껏 술을 마시고 각자의 게르로 돌아가기를 기다렸습니다. 테무친은 이때가 기회라고 생각하고 보초병을 유인했습니다.

"이봐요. 여기요."

"에잇. 귀찮게 왜 부르는 거야?"

보초가 투덜거리며 다가왔습니다. 이제 한 방에 보초병을 쓰러뜨려야만 했습니다. 그래야 이곳에서 탈출할 수 있었습니다. 테무친은 꾀를 냈습니다.

"아저씨. 제 발밑에 무언가 떨어져 있어요. 귀한 물건 같은데……."

"뭐? 귀한 물건? 어디 좀 보자."

보초는 고개를 숙여 테무친의 발밑을 들여다보았습니다. 바로 그때, 테무친은 쓰고 있던 칼로 힘을 다해 보조의 머리를 내리쳤습니다. 보초는 그대로 나가떨어지고 말았습니다. 테무친은 이 틈을 놓치지 않고 온 힘을 다해 뛰었습니다. 정신을 차린 보초는 테무친이 도망갔다는 사실을 알렸습니다.

타이치우트족은 일제히 근처 숲과 강가를 뒤졌습니다. 달빛이 유난히 환해서 찾는 게 어렵지 않을 것 같았습니다.

"살살이 뒤져라. 목에 칼을 쓰고 있으니 얼마 가지 못했을 것이다."

테무친은 강가에 숨어 있었습니다. 발각되는 것은 시간문제였습니다. 그때 한 남자가 테무친 앞으로 다가왔습니다.

'이제 난 꼼짝없이 죽겠구나.'

그런데 기적 같은 일이 일어났습니다. 남자는 테무친을 보고도 모른 척 지나가는 것이었습니다. 분명 테무친을 살려 주려는 것 같았습니다.

'저 사람은 틀림없이 날 도울 사람이야.'

다행히 위기는 모면했지만, 무거운 칼을 쓰고는 얼마 가지 못하고 붙잡힐 것이 분명했습니다. 테무친은 잠시 망설였습니다. 그리고 결단을 내렸습니다.

'저 남자에게 도움을 청하자.'

테무친은 도주를 포기하고 남자가 들어간 게르 안으로 따라 들어갔습니다.

"아니, 넌……?"

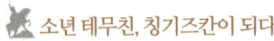
소년 테무친, 칭기즈칸이 되다

"제가 탈출할 수 있도록 도와주십시오. 이대로는 도망갈 수 없습니다."

남자는 한동안 놀라며 망설이는 것 같았습니다.

"절 살려 주시면 그 은혜는 절대 잊지 않겠습니다."

테무친을 바라보던 남자는 테무친이 목에 차고 있던 칼을 풀어 주고 먹을 것과 잠잘 곳을 마련해 주었습니다. 한편, 테무친을 찾는 데 실패한 타이치우트족은 게르마다 돌며 이 잡듯 뒤지기 시작했습니다.

"칼을 차고 멀리 도망갔을 리는 없다. 필시 누군가가 테무친을 숨겨 준 게 틀림없다."

이튿날, 타이치우트족 군사는 테무친을 숨겨 준 남자의 게르로 들어왔습니다. 그들은 게르를 샅샅이 살폈습니다. 침상 밑까지 뒤져 보았습니다. 그리고는 마침내 테무친이 숨어 있는 짐수레를 발견하자 수레에 쌓인 양털 더미를 한쪽에서부터 풀기 시작했습니다. 위험한 고비에 이른 순간, 그 자리에 있던 남자가 짜증을 내며 말했습니다.

"에잇, 여기는 없어. 이 더위에 이 속에 숨었다간 숨 막혀 죽을 거야."

소년 테무친, 칭기즈칸이 되다

"하긴. 여긴 아닌가 보네. 어서 저쪽으로 가보세."

타이치우트족이 돌아가자, 테무친이 양털 더미에서 기어 나왔습니다.

"덕분에 살았습니다. 이제 그만 돌아가 봐야 할 것 같습니다."
"지금 이 상태로 가면 얼마 가지 못해 다시 잡힐 게 분명하네."

남자는 가족과 상의한 끝에 유목민에게 가장 중요한 재산인 말과 함께 얼마간 먹을 수 있는 식량을 흔쾌히 내주었습니다.

"이거 너무나 감사합니다. 이름을 알려 주십시오."
"소르칸시라라고 하네. 타이치우트족의 머슴이라네."
"이 은혜는 반드시 갚겠습니다."

소르칸시라는 테무친에게 활 하나와 화살 두 개를 건넸습니다. 테무친은 소르칸시라 덕분에 간신히 도망쳐서 무사히 집으로 돌아왔습니다. 그때, 테무친은 문득 하늘이 자기를 도운 것이라고 느꼈습니다.

테무친은 가장으로서 집안의 질서를 지키고자 했습니다. 집안을 일으켜 세우기 위해 가축도 키우면서 가족의 생계와

생존에 필요한 것들을 채워 나갔습니다. 점점 재산이 늘어 얼마 지나지 않아 말을 아홉 마리나 갖게 되었습니다.

멀리 초원에서 풀을 뜯고 있는 말을 보며 테무친이 중얼거렸습니다.

"그 옛날에는 수백 수천 마리의 말들이 초원을 뛰어다녔지."

그러나 테무친은 지금 있는 아홉 마리의 말이 수백 수천 마리의 말보다 더욱 든든했습니다. 아무것도 없이 시작해 자기 힘으로 이룬 성과였기 때문이었습니다. 테무친은 언젠간 초원을 자신의 말들로 가득 채우리라 다짐하며 꿈을 키워 나갔습니다. 그런데 청천벽력과 같은 일이 일어났습니다. 테무친이 잠시 자리를 비운 사이, 도둑들이 나타나 테무친의 말을 모두 훔쳐간 것입니다. 거친 초원에서 말이 없다는 것은 곧 죽음과도 같았습니다. 말이 없으면 먹을 것을 찾아 멀리 이동할 수 없었고 적이 나타나도 도망칠 수 없기 때문이었습니다. 더군다나 말이 없으니 도적을 추격조차 할 수 없었습니다.

"이 일을 어쩌지? 어쩌면 좋아."

테무친은 그저 발만 동동 굴렀습니다. 그런데 하늘은 아직 테무친을 버리지 않은 모양이었습니다. 저 멀리서 말 울음소리가 들려왔습니다.

　말을 타고 온 사람은 테무친의 이복동생 벨구테이였습니다. 벨구테이가 말을 타고 사냥을 나갔던 덕분에 말 한 마리는 지킬 수 있었습니다. 테무친은 어머니에게 단호하게 말했습니다.

　"제가 이 말을 타고 도둑들을 쫓아가 말을 되찾아 오겠어요."
　"너 혼자 가는 것은 너무 위험하단다. 말도 잃고 너마저 잃고 싶진 않다."
　"어머니! 말이 없으면 우리 모두는 죽고 말 겁니다. 전 우리 가족을 지켜야 하는 책임이 있어요."

　어머니의 만류에도 불구하고 테무친은 말을 타고 도둑들을 추격했습니다. 초원은 상상하기 힘들 정도로 넓었습니다. 이런 곳에서 도둑이 어디로 갔는지 찾는 것은 애초에 불가능했습니다. 하지만 테무친은 꼭 찾고야 말겠다고 생각했습니다.

　'찾을 수 있어. 결코 포기해서는 안 돼.'

　어느덧 도둑을 추격하러 나선 지 사흘이 넘었습니다. 심신이 지치고 배도 고팠지만, 테무친은 결코 좌절하지 않았습니다. 그런데 테무친이 타고 있는 말이 문제였습니다. 사흘 밤낮으로 테무친을 태우고 달렸기에 말은 쓰러지기 일보 직전이었습니다. 그렇다고 쉬었다 갈 수도 없는 노릇이었습니다. 도둑들은 말을 바꿔 타면서 계속 도망칠 것이 분명했기 때문입니다. 아침이 될 무렵, 저 멀리 마을이 보였습니다. 마침 테무친과 비슷한 또래의 사내아이가 말의 젖을 짜고 있었습니다.

"혹시 말 여덟 마리를 끌고 가는 사람 못 봤니?"

"아, 그 사람들이라면 오늘 아침 해가 뜰 무렵 이곳을 지나갔어. 그런데 그 사람들은 왜 찾니?"

테무친은 자초지종을 이야기해 주었습니다.

"내 이름은 보오르추야. 혼자보다는 둘이 찾는 게 나을 거야."

보오르추는 테무친이 타고 온 지친 말은 풀을 뜯어먹게 놓

※ 테무친과 보오르추가 도둑맞은 말을 되찾다. (몽골 작가 그림)

아 주고 자신이 돌보는 말을 가져왔습니다.

"네 말은 너무 지쳤어. 내 말을 타고 함께 그들을 쫓자."

이렇게 해서 테무친은 보오르추와 함께 도둑들의 뒤를 쫓기 시작했습니다. 그리고 며칠을 더 달려 두 사람은 마침내 도적 떼의 게르를 발견했습니다. 게르 옆에는 말 여덟 마리가 풀을 뜯고 있었습니다.

"저건 틀림없이 내 말이다."

마침 도둑들은 말들을 풀어 놓고 술판을 벌이고 있었습니다. 테무친은 정면승부를 피해 때를 기다렸습니다. 이때다 생각한 순간 두 사람은 말들 사이로 달려갔습니다. 말들은 놀라서 사방으로 흩어져 달아났습니다. 술에 취한 도둑들이 사태를 파악했을 때는 이미 늦었습니다. 그들은 곧 테무친 일행을 뒤쫓았으나 날이 어두워 추격을 포기하고 돌아갔습니다. 테무친은 마침내 말을 되찾았습니다. 생각이 깊은 테무친은 되찾은 말이 모두 자신의 것이라고 생각하지 않았습니다.

"네 덕분에 말을 되찾을 수 있었어. 말을 반반씩 나누자."

그러나 보오르추는 테무친의 제의를 거절했습니다.

"난 대가를 바라고 널 도운 게 아니야. 친구의 고통을 함께 나누는 것이 진정한 우정이지. 대가를 바라고 이 일을 했다면 우리는 친구가 될 수 없어."

테무친은 이 소년이야말로 자신의 진정한 친구임을 깨달았습니다.

"정말 고마워."

말을 되찾고, 친구까지 얻은 테무친은 세상을 다 가진 것같이 기뻤습니다. 테무친은 호의를 베풀고 자신을 도와준 사람들을 평생 잊지 않겠다고 다짐했습니다. 테무친은 보오르추에게 꼭 다시 만나자는 인사를 건네고 집으로 돌아갔습니다.

칭기즈칸의 성공 비밀 다섯!

★신뢰로 자기 사람을 만들다★

 가난한 소년 가장 테무친이 세계의 절반을 호령하는 칭기즈칸으로 성공하기까지 테무친을 도와준 사람들이 있었습니다.
 위기에 처한 어린 테무친을 목숨까지 걸고 구해 준 소르칸 시라 때문에 살아날 수 있었고 말을 모두 도둑맞아 초원에서 생존하기가 어려워졌을 때 아무 대가 없이 테무친의 말 도둑을 함께 추격한 친구 보오르추 덕분에 테무친은 생계를 이어갈 수 있었습니다. 이들의 도움으로 결국 테무친은 위대한 왕 칭기즈칸이 될 수 있었습니다. 특히 보오르추는 평생 테무친 곁에서 그를 도왔습니다.
 "될성부른 나무는 떡잎부터 알아본다"는 말이 있습니다. 어린 테무친은 한눈에 자기를 도와줄 사람이 누구인지 알아보는 능력이 있었습니다. 나를 도와줄 사람인지 나에게 해를 줄 사람인지 테무친은 직감적으로 알았습니다. 그리고 자신이 선택한 사람을 신뢰했습니다. 그 사람과 한 번 손을 잡으면 의심하지 않았습니다.

그리고 도움받은 것을 잊지 않고 확실하게 보답을 하려 했습니다. 보오르추의 도움으로 말을 되찾았을 때, 테무친은 그 말의 반을 돌려주려 했습니다. 그러나 보오르추는 진정한 친구는 대가를 바라지 않는다며 그 말을 받지 않았습니다. 두 사람은 그렇게 헤어졌습니다.

하지만 이들은 후에 다시 만나 몽골고원을 정복하는 데 뜻을 같이 합니다. 보오르추는 테무친과 가까운 거리에서 그를 진심으로 돕습니다.

보오르추가 평생 테무친 옆에서 그를 도왔던 이유는 무엇 때문일까요? 그건 바로 신뢰 때문입니다. 자신을 믿어 주는 사람에 대해 최선을 다하는 것이 사람의 마음이거든요. 테무친은 신뢰로 자기 사람을 만드는 법을 알고 있었습니다.

테무친의 첫사랑, 보르테

　건조하고 추운 날씨 탓에 몽골에서는 한 번 눈이 내리면 쉽사리 녹지 않았습니다. 하얀 눈은 뭉쳐지지도 않아 모래알처럼 바람에 이리저리 흩날렸습니다. 겨울 추위는 여전히 속눈썹에 고드름이 달릴 만큼 혹독했습니다. 맨손을 내놓고 다니기에는 바람이 너무나 거세고 차가웠습니다. 고생스러운 생활을 해나가는 가운데 세월이 흘렀습니다. 이제 테무친은 자신의 이름처럼 '강철 같은 사나이'로 성장했습니다. 온 가족이 함께 노력한 덕에 집안도 어느 정도 안정되었습니다. 테무

※ 상상할 수 없을 만큼 추운 몽골의 겨울. (몽골 작가 그림)

 친은 문득문득 보르테가 떠올랐습니다. 아홉 살 어린 나이에 본 보르테는 누구보다 아름다운 소녀였습니다. 거기다 테무친의 첫사랑이었습니다.
 '아버지가 갑작스럽게 돌아가시지만 않았다면 보르테와 나는 벌써 혼인했을 텐데…….'
 테무친은 보르테가 너무나도 보고 싶었습니다. 오래전 테무친은 간단한 인사만 남긴 채 보르테 곁을 떠나왔던 것입니다.
 '이미 다른 사람에게 시집갔을지도…….'
 몽골의 여자들은 대개 열다섯 살이 되기 전에 혼인을 합니다. 그러니 테무친보다 나이가 많았던 보르테는 이미 다른 사람과 혼인했을 가능성이 높았습니다.

'내가 지금 무슨 생각을 하는 거지?'

테무친의 강인함과 지혜는 여러 부족에게 소문이 났습니다. 옛날에 예수게이를 따랐던 사람들이 하나둘 테무친에게 돌아왔습니다.

"테무친, 우리를 다시 받아 줄 수 있겠나?"

테무친은 결코 그들을 원망하거나 나무라지 않았습니다.

'저들이 떠났던 것은 모두 다 내가 부족했기 때문이다. 앞으로도 내가 저들에게 믿음을 주지 못한다면 저들은 또다시 내 곁을 떠날 거야. 힘없는 지도자 곁을 떠나는 것은 당연하지. 그것이 바로 초원의 법칙이다.'

바로 이런 모습 때문에 더욱 많은 사람들이 테무친에게 몰려온 것인지도 모릅니다. 하지만 테무친은 적에게는 무섭도록 냉혹했습니다. 위협해 오는 적 앞에서는 한 치도 물러서지 않았습니다. 공격을 받으면 반드시 되갚아 주었습니다.

시간이 흘러 테무친의 나이도 어느덧 열일곱 살이 되었습니다. 테무친의 어머니도 이제 테무친이 배필을 맞이할 나이가 되었다고 생각했습니다.

"애야, 이제 너도 혼인할 나이가 되었구나."

"어머님, 벌써 잊으셨습니까? 저에게는 정혼한 여인이 있지 않습니까?"

"보르테를 말하는 거니?"

"예. 이제 보르테를 데려오겠습니다."

끊임없이 쫓고 쫓기며 뺏고 빼앗기는 고난 속에서도 테무친은 항상 보르테를 생각했습니다. 돌아오겠다는 말만 남긴 채 보르테를 떠나 헤어진 세월이 너무 길었습니다.

'이미 결혼을 한 건 아닐까? 아냐. 이러지 말고 직접 가서 확인해 보자.'

테무친은 반신반의하는 마음에 보르테를 찾아갔습니다.

"왜 이제야 나타났는가?"

데이세첸은 테무친을 퉁명스럽게 맞이했습니다. 테무친은 내심 데이세첸이 초라해진 자신의 모습을 보고 실망한 게 아닐까 하고 생각했습니다. 그러나 그게 아니었습니다.

"그동안 자네가 어떤 고초를 겪었는지 잘 알고 있다네. 장차 장인이 될 나에게 왜 도움을 청하지 않았는가? 그 사이에 마음이 변했단 말인가?"

"그렇지 않습니다. 보르테에 대한 제 마음은 처음과 같습니다. 허나, 만약 제가 그때 거지의 모습으로 어른께 나타났다면, 어른께서 지금과 같이 저를 대하셨을까요? 그리고 무엇보다, 사랑하는 보르테 앞에 초라한 모습으로 오고 싶지 않았습니다."

테무친의 말에 그제야 데이세첸은 환하게 미소를 지었습니다.

"과연 내 사위일세. 내 딸을 자네에게 혼인시키려 했던 것은 자네 아버지의 위세 때문이 아니었네. 자네의 그 눈빛 때문이었네. 그 눈빛이 변함없는데, 어찌 내가 자네를 내치겠는가?"

데이세첸은 그렇게 말하고 손짓을 했습니다. 그러자 게르 안에서 눈부시게 아름다운 여인이 걸어 나왔습니다. 몰라보게 달라졌지만 테무친은 그녀가 보르테임을 한눈에 알 수 있었습니다. 테무친은 보르테 앞에서 예를 갖추며 말했습니다.

"나와 결혼해 주시오, 보르테."

보르테는 수줍게 고개를 끄덕였습니다.

그러자 사방에서 풍악소리가 울려 퍼졌습니다. 사람들은 덩실덩실 춤을 추고 노래하며 그들의 사랑을 축복해 주었습니다.

"보르테가 시집을 가게 되었다네. 오래전 약조한 테무친이 와서 보르테를 신부로 맞이했다네."

테무친은 데이세첸의 허락을 받아 보르테를 가족에게 데리고 왔습니다. 이때 보르테는 테무친의 가정 형편상 꿈도 못 꾸는 양 천 마리 값어치에 달하는 검은색 담비 외투를 혼수로 가져왔습니다. 신부가 가져온 가장 좋은 혼수는 원래 시아버지에게 드리는 것이 관례였지만 테무친의 아버지 예수게이가 죽었기 때문에 테무친은 이 진귀한 검은색 담비 외투를 보르테가 간직하도록 했습니다.

테무친의 가정이 조금 안정되긴 했지만 부족은 아직 변변한 병사조차 없었습니다. 여태껏 부족의 경비는 테무친과 그의 형제들이 도맡았습니다. 테무친의 형제들은 하나같이 용맹하여 한 사람이 백 명의 몫을 했지만, 언제까지 형제들이 부족의 안전을 도맡을 수는 없었습니다. 더구나 사람들이 모여

들면서, 보호해야 할 사람들도 많아졌습니다. 그나마 보르테가 시집오면서 하인 열세 명을 데려온 것이 다행이었습니다.

"케롤렌 강 상류로 이동하는 것이 더 좋겠다."

테무친은 부족 사람들과 의논한 끝에 목초가 풍부하고 땅이 비옥한 케롤렌 강 상류로 거처를 옮기기로 했습니다. 지난번 말 도둑 사건으로 우정을 맹세한 보오르추에게도 도움을 요청했습니다.

"네가 부를 줄 알았어. 이제부터 내 인생을 너에게 걸겠어."

테무친의 연락을 받은 보오르추는 한걸음에 달려왔습니다. 보오르추는 테무친의 용감한 전사이자, 조언을 아끼지 않는 참모가 되었습니다.

"네가 내 곁에 있으니 천군만마를 얻은 기분이야."

"그렇게 말해 주니 황송할 따름이야."

"이제는 진짜 천군만마를 얻어야 하지 않을까?"

"진짜 천군만마?"

"그래. 우리를 보호해 줄 든든한 후원자가 필요해."

아버지가 돌아가시고, 살아남기 위해 발버둥 치면서 온갖 고초를 겪었던 테무친은, 더욱 강하고 영민해졌습니다. 또한 포로 생활을 하면서 적의 습격에서 안전하게 살아남기 위해서는 보호자가 필요하다는 것을 깨달았습니다. 테무친은 우선 새로운 주인을 섬겨야 한다고 생각했습니다. 강자가 약자를 철저히 짓밟는 혼란스러운 시대였습니다. 이런 때에 테무친과 몇몇 사람들의 힘만으로 부족의 안전을 책임질 수는 없었습니다. 테무친은 이 점을 잘 알고 있었습니다. 테무친은 골똘히 생각에 잠기더니 마침내 결심한 듯, 탁자를 탁 치고 일어났습니다.

"오래전 우리 아버지 예수게이에게 큰 은혜를 입은 사람이 있어."

"그게 누군데?"

"토그릴 칸이야."

"맙소사. 토그릴 칸이라면 몽골고원에서 가장 강력한 세력을 지닌 케레이트 족의 칸이잖아."

일찍이 토그릴 칸은 칸이 된 지 얼마 되지 않아, 숙부에게 쫓겨나 죽을 위기에 처한 적이 있었습니다. 그런데 바로 그때 예수게이가 토그릴 칸을 도와 그가 다시 칸의 자리에 오를 수 있도록 해줬습니다. 그때 토그릴 칸은 장차 예수게이와 그의 부족에 어떤 불상사가 생기면 보호해 주기로 맹세했었습니다.

"그 사람이라면 우리의 든든한 후원자가 되어 줄 거야."

테무친은 토그릴 칸에게 가기로 결심했습니다. 물론 테무친은 토그릴 칸을 전적으로 믿지는 않았습니다. 만약 그가 진심으로 테무친을 양아들로 생각했다면, 예수게이가 독살당하고 부족이 위기에 처했을 때 도와주었을 거라고 생각했습니다. 아무래도 토그릴 칸의 환심을 사기 위해서는 무언가 특별한 것이 필요했습니다. 테무친은 게르 밖으로 나와 어떻게 하면 토그릴 칸의 마음을 얻을지 고민했습니다.

벌써 밤이 되어 하늘에는 깨알을 흩뜨려 놓은 듯 무수히 많은 별들이 저마다 빛을 내뿜고 있었습니다.

"테무친!"

"아니 보르테! 아직 잠자리에 들지 않은 거요?"

"네……."

보르테는 달빛이 환하게 내리는 게르 앞을 서성이며 말했습니다.

"이건 제 생각인데, 토그릴 칸에게 검은색 담비 외투를 바치면 어떨까요?"

"당신이 해온 혼수 말이요? 어떻게 그걸?"

"부족의 운명이 걸린 일이잖아요. 무엇이 아깝겠어요?"

역시 보르테는 보통 여자가 아니었습니다. 테무친은 자신의 마음을 헤아려 주는 그녀가 한없이 고마웠습니다.

"고맙소, 부인. 이 일이 장차 우리에게 큰 힘이 되어 줄 것이요."

테무친은 검은색 담비 외투를 가지고 토그릴 칸을 찾아가기로 했습니다. 토그릴 칸의 영역은 서쪽의 오논 강에서부터 몽골인들이 사는 초원을 거쳐 동쪽으로는 중국의 변경 지방에 이르렀습니다. 토그릴 칸의 보호를 받게 되면 테무친은 더욱 안정을 찾고 그 세력을 키울 수 있을 것입니다.

"어서 오너라. 내 아들아. 왜 이제야 날 찾아온 것이냐?"

토그릴 칸은 테무친을 반갑게 맞이했습니다. 테무친은 아버지 예수게이와 토그릴 칸이 맺었던 안다 관계를 말했습니다. 그리고 선물로 가져온 검은색 담비 외투를 바치며 다시 말을 이었습니다.

"저희 부족을 보호해 주십시오. 이 테무친, 최선을 다해 칸을 아버님으로 모시고 충성을 다하겠습니다."

"여부가 있겠느냐? 일찍이 나는 네 아버지 예수게이에게 큰 신세를 진 몸이다. 흩어진 네 부족을 모아 주면 되겠느냐? 또 검은색 담비 외투에 대한 답례로 너를 떠난 네 부족민을 불러들이면 되겠느냐?"

"그렇게만 해주신다면 더 바랄 것이 없습니다."

토그릴 칸은 기꺼이 테무친의 보호자가 되어 주기로 약속했습니다. 물론 토그릴 칸이 정말 순수한 마음에서 테무친을 돕기로 한 것은 아니었습니다. 토그릴 칸이 테무친을 정치적 동맹자로 받아들인 이유는, 정치적 동맹자인 동시에 경쟁자이기도 한 자무카 같은 큰 세력보다는 언제나 자기에게 충성할 수 있는 새로운 동맹 세력이 절실히 필요했기 때문이었습니다. 숙부는 물론이고 아들조차 자신의 자리를 노리고 있어 가족마저도 믿을 수 없던 차라 테무친에게 호감이 갔던 것입니다. 반면 테무친은 토그릴 칸을 자신의 양아버지로 인정하고 그와 주종 관계를 맺어 강력한 보호막을 확보하게 되었습니다.

이로써 테무친의 인생에 새로운 장이 열렸습니다. 소문은 초원의 유목민들에게 빠른 속도로 퍼져 나갔습니다. 테무친의 명성이 높아지자 초원의 유목민들이 테무친을 알아주기 시작했습니다.

칭기즈칸의 성공 비밀 여섯!
★ 오래된 약속도 꼭 지킨다 ★

수많은 고난을 극복해 가면서 테무친은 자신의 이름처럼 '강철 같은 사나이'로 성장했습니다. 힘든 세월 가운데도 테무친은 오래전 보르테와 한 혼인 약속을 잊지 않았습니다.

워낙 많은 시간이 흘렀기 때문에 어쩌면 보르테는 다른 사람에게 시집을 갔을지도 모르는 일이었습니다. 그러나 테무친은 아홉 살 때 한 약속을 지키기 위해 보르테를 찾아갔습니다.

보르테 역시 테무친과의 약속을 기억하며 그를 기다리고 있었습니다. 두 사람은 약속을 지켜서 서로에게 힘이 되는 배우자가 되었습니다. 테무친은 지혜롭고 용기 있는 보르테를 아내로 맞이했고, 보르테는 용맹하고 슬기로운 테무친을 남편으로 맞이할 수 있었습니다. 약속을 지킨 두 사람은 세상을 호령하는 제왕과 제후가 될 수 있었습니다.

자기가 한 말에 책임을 지는 사람들이 성공을 합니다. 상황이 변했다고, 지키기 어렵다고, 시간이 많이 흘렀다고, 온갖 이유를 갖다 대며 약속을 취소하지 않았습니다.

어린이 여러분은 어떤 사람인가요? 친구와 한 약속, 부모님과 한 약속, 선생님과 한 약속을 꼭 지키고 있나요? 신의가 있어야 서로를 더욱 돋보이게 하는 친구가 될 수 있습니다.

새로운 바람, 더 큰 꿈을 향하여

초원에는 늘 바람이 불었습니다. 바람 때문에 구름이 생기고 비가 내리고 눈도 내립니다. 그뿐 아니라 바람이 스치면 맑은 대낮에도 소나기가 쏟아지고 번개가 희번덕거리기 십상이었습니다. 그곳에서 끝없이 이동하며 위험과 궁핍 속에서 사는 유목민과 부족의 장래는 바람 앞의 등불과 같았습니다. 몽골고원에서 동족을 죽이는 일이 계속될 것 같았습니다. 이제 테무친도 결단을 해야 했습니다.

'힘없는 우리가 잘살 수 있는 방법이 무엇인가? 그것은 오

직 우리 모두가 똘똘 뭉치는 일, 그것뿐이야!'

아버지의 의형제였던 토그릴 칸의 양아들이 된 테무친은 자신감이 넘쳤습니다. 병사라고는 활쏘기에 능한 동생 카사르, 힘이 장사며 도끼로 나무를 조각할 수 있는 이복동생 벨구테이, 목숨과 같았던 말을 되찾는 데 힘을 보탰던 보오르추, 그리고 아버지의 노예인 자르치우다이의 아들 젤메, 재산을 지킬 수 있는 장정이 몇 명밖에 없었지만 이 사람들과 함께라면 부족을 다시 규합할 수 있을 것 같았습니다.

"기습이다! 기습이다!"

고요하던 밤의 정적을 깨고 언덕 너머로 말발굽 소리가 요란하게 들렸습니다. 기병 수백 명이 테무친 가족이 머무르고 있는 게르를 습격한 것입니다. 테무친은 함께 잠을 자고 있던 가족들을 황급히 흔들어 깨웠지만 가족 모두를 대피시키기에는 시간이 부족했습니다.

"저들의 정체가 무엇이냐?"

"메르키트족인 듯합니다."

테무친은 병사들의 전열을 가다듬고 적의 공격에 맞섰습

※ 류성민 일러스트

니다. 그러나 적군의 수는 아군의 수십 배가 넘었습니다. 이런 상황에서 적군과 정면으로 맞서는 것은 무모한 일이었습니다.

"퇴각하라. 여자와 아이들을 보호하라."

테무친은 있는 힘을 다해 적과 맞서며 부족민을 대피시켰습니다. 그런데 웬일인지 메르키트족이 더 추격하지 않고 물러나는 것이었습니다. 적군이 물러나자 테무친은 가족의 안전부터 살폈습니다.

"어머니와 동생들은 무사한가?"

혼란 중에 어머니와 다른 가족들은 몸을 피했으나 보르테가 보이지 않았습니다.

"보르테는 어디 있나? 보르테!"

테무친은 보르테를 찾아 들판을 헤맸습니다. 그러나 그녀의 모습은 어디에도 보이지 않았습니다.

'서, 설마 보르테가 납치된 것은 아니겠지?'

애초에 메르키트족은 보르테를 노린 것 같았습니다. 보르테가 메르키트족에게 납치된 것이 분명해지자, 어머니는 와락 눈물을 쏟아 냈습니다.

"이게 다 나 때문이다. 나 때문이야."

"그게 무슨 말씀이세요? 왜 어머니 때문이라는 거예요?"

"20여 년 전 일이다. 나는 본래 메르키트족에게 시집가기로 되어 있었단다."

테무친의 어머니는 옹기라트족의 유력한 씨족장 올코노오트의 딸로, 본래 메르키트족의 젊은 지도자 칠레두와 혼인을 하기로 되어 있었습니다. 그런데 우연히 두 부족의 혼인 소식을 들은 예수게이가 두 부족의 동맹을 막고 옹기라트족의 사위가 되기 위해 어머니를 납치해 자신의 아내로 삼았던 것입니다.

'그렇다면 그때 일을 복수하기 위해……?'

테무친도 언젠가 한 번 들었던 이야기였습니다. 그러나 그동안 잊고 있었고, 설사 기억하고 있다고 해도 그저 과거의 일이라 생각했습니다. 그러나 메르키트족은 해묵은 원한을 잊지 않고 있었습니다. 결국 때를 기다리며 복수의 칼날을 갈던 메르키트족은 오래전에 당했던 치욕을 고스란히 갚은 것입니다.

"이게 모두 내 잘못이다. 내 죄야."

어머니는 보르테가 납치된 것이 모두 자기 탓인 듯 자책했습니다. 그러나 테무친은 도리어 어머니를 위로했습니다.

"그게 왜 어머니 탓이에요? 굳이 잘못을 따지자면 아버지 잘못이죠. 보르테는 납치되었지만 우리 목숨을 건져 준 거나 마찬가지예요."

"그게 무슨 소리냐?"

"만약 메르키트족이 보르테가 아닌 우리 부족을 노렸다면, 우리는 오늘 밤 몰살당하고 말았을 거예요. 결국 보르테가 우리를 구한 셈입니다."

테무친은 어머니를 위로하기 위해 그렇게 말했지만 가슴속에서는 불같은 복수심이 솟았습니다.

"옛날 칠레두는 어머니를 반드시 구하겠다고 약속했지만, 그 약속을 지키지 않았어요. 지금 보르테를 납치한 것은 그때 일을 복수하기 위해서였겠지만 저는 달라요. 저는 반드시 보르테를 구하고 말겠어요."

테무친은 보르테를 꼭 구하겠다고 어머니께 맹세했지만 걷잡을 수 없는 슬픔에 빠지고 말았습니다. 자신은 목숨을 건졌지만 이제 갓 스무 살 정도밖에 되지 않은 아름다운 아내

소년 테무친, 칭기즈칸이 되다

보르테가 적들의 손에 넘어갔다는 생각에 몹시 괴로웠습니다. 아름답던 세상이 갑자기 잿빛으로 변했습니다. 보르테는 테무친이 어린 나이에 가슴이 터져 나갈 듯 그리워했던 첫사랑이었습니다. 그저 어린 가슴에 담아 두는 것만으로도 벅찬 사랑이었습니다. 그러나 테무친은 무분별하게 행동하지 않았습니다. 분노를 삭이며 이 불행한 상황을 어떻게 반전시켜야 할지 생각했습니다.

테무친은 부르칸 산에 올랐습니다. 그때 또다시, 하늘이 자신을 도와주고 있다는 것을 느꼈습니다.

"하늘이시여, 이 목숨을 지켜 주셔서 감사합니다. 이제 아침마다 제사를 드리리라. 날마다 기도하리라. 내 자손들이여, 이를 기억하라!"

테무친은 하늘을 향해 크게 외쳤습니다. 허리띠를 어깨에 걸치고, 모자를 벗고, 손을 가슴에 올린 뒤, 해를 향하여 아홉 번 절했습니다. 그리고는 어떻게 하면 메르키트족을 무찌를 수 있을지 생각했습니다. 테무친은 용감하고 민첩했지만 메르키트족을 혼자 힘으로 상대하기에는 역부족이었습니다. 메르키트족은 케레이트, 나이만, 타타르와 함께 몽골 4대 부족의 하나로서 상당한 세력을 자랑했습니다.

'그래, 양아버지인 토그릴 칸에게 찾아가 도움을 요청하자.'

테무친은 곧바로 토그릴 칸에게로 가서 자신이 겪은 원통한 일을 말했습니다.

"양아버지로서 어찌 너를 돕지 않겠느냐?"

이때까지 토그릴 칸의 케레이트족은 메르키트족과 우호적인 관계를 유지했습니다. 그러나 메르키트족의 세력이 날이 갈수록 커지자, 토그릴 칸은 내심 불안해하고 있었습니다. 토그릴 칸은 이번 기회에 메르키트족의 기세를 꺾기로 하고 선뜻 테무친을 돕기로 했습니다. 그런데 토그릴 칸은 여기서 그치지 않았습니다.

"테무친! 기왕이면 자무카에게도 도움을 청하는 것이 어떻겠느냐?"

"지금 자무카라고 하셨나요?"

"그래. 자무카는 너와 같은 몽골족이지 않니? 자무카에게도 도움을 청하는 게 좋겠구나."

어릴 때 함께 초원을 달렸고, 안다의 약속을 나누었던 친구 자무카는 이제 몽골고원의 강자로 성장해 있었습니다. 테무친은 토그릴 칸의 충고대로 자무카를 찾아갔습니다. 토그릴 칸의 도움으로 자다라트족의 족장 자리를 되찾게 된 자무카와의 재회는 단순히 개인적인 기쁨을 넘어 새로운 가능성을 테무친에게 가져다주었습니다.

"내 안다 테무친이 아닌가? 어서 오게나."

"자무카! 이게 얼마만인가?"

"나도 자네 소식을 궁금해하고 있었다네."

자무카는 테무친의 이야기를 듣자 선뜻 돕겠다고 약속했습니다.

"어찌 안다의 부탁을 거절할 수 있겠는가? 우리 함께 메르키트족을 섬멸하고 자네의 아내를 구출하세."

둘은 오랜만에 만난 기쁨을 잠시 뒤로 접고, 메르키트족을 토벌하기 위한 작전을 짰습니다. 그러나 테무친은 서두르지 않았습니다. 메르키트족은 결코 만만한 상대가 아니었기 때문입니다. 테무친은 군사를 훈련시키며 철저히 전쟁 준비를 했습니다.

보르테가 납치된 지 일 년 정도가 지난 무렵이었습니다. 테무친과 연합군은 1여 년 전 메르키트족이 그랬던 것처럼 야

※ 메르키트족에게 납치된 보르테를 구하러 가다. (몽골 작가 그림)

밤을 틈타 적진의 게르 근처에 이르렀습니다. 메르키트족과 정면 승부를 펼쳐도 좋을 정도로 연합군의 병력은 압도적으로 우세했습니다. 그러나 그럴 경우, 위기에 몰린 메르키트족이 보르테의 목숨을 위협할 가능성이 있었기에 연합군은 밤이 되기를 기다렸습니다. 그리고 경계가 느슨해지자 메르키트족의 야영지를 포위한 뒤 대대적인 기습 공격을 했습니다.

"메르키트족을 공격하라. 보르테를 구하라!"

미처 공격에 대비하지 못한 메르키트족은 갑작스런 기습에 허둥대기 시작했습니다. 적들은 추풍낙엽처럼 쓰러져 갔습니다. 심지어 서로를 적으로 오해해 칼을 휘두르기도 했습니다. 테무친은 이 틈을 놓치지 않고 병사를 몰아 적군을 쓰러뜨려 나갔습니다. 그리고 길이 열리자, 적진 깊숙이 들어갔습니다.

"보르테! 보르테!"

테무친은 보르테의 이름을 외쳤습니다. 빼앗긴 아내 보르테를 찾기 위해 불타는 게르 사이를 이 잡듯 뒤졌습니다. 테무친이 보르테의 이름을 연신 부르짖자 수레를 타고 도망가던 한 여인이 뛰어내렸습니다. 보르테였습니다. 한눈에 보르테를 알아본 테무친은 그녀에게 달려갔습니다.

"보르테, 내가 왔소. 나 테무친이 왔소. 그동안 얼마나 힘들었소?"

"기다리고 있었어요. 당신이 와주리라 믿었어요."

테무친과 보르테는 서로를 끌어안고 기쁨의 눈물을 흘렸습니다.

"나는 오늘 그들에게 당한 그대로 갚아 주리라. 그들의 집을 불태우고 그들의 가축을 빼앗고 그들의 가족을 노예로 삼으리라!"

테무친은 소리쳤습니다. 수많은 천막이 불타오르는 가운데 메르키트족은 처참하게 패배했습니다. 수많은 메르키트족 사람들이 우왕좌왕 달아났습니다. 테무친과 자무카는 대승을 거뒀습니다.

"자, 이제 노획물을 공평하게 나눕시다."

전쟁이 끝난 뒤, 적으로부터 빼앗은 노획물을 나누는 것은 초원의 오랜 전통이었습니다. 그런데 토그릴 칸과 자무카는 이번 전쟁의 공이 모두 자신들에게 있다고 생각했습니다. 노획물의 대부분을 둘이 나누어 가져서, 테무친에게 돌아온 것은 별로 없었습니다. 테무친의 부하들은 크게 분노했습니다.

"이건 불공평해. 우리도 저들 못지않게 열심히 싸웠잖아."

그러나 테무친은 아무런 불평을 하지 않았습니다. 보르테를 구한 것보다 더 값진 선물은 없었기 때문입니다. 그리고 다시 한 번 하늘에 감사했습니다. 토그릴 칸은 자신의 영지로 되돌아갔고 자무카와 테무친은 함께 이동했습니다. 테무친은 안다 관계를 새롭게 하기 위해 메르키트족장에게 빼앗은 황금 허리띠를 자무카의 허리에 매어 주고 황백색 말에 자무카를 태웠습니다. 자무카 역시 메르키트족에게서 빼앗은 황금 허리띠를 테무친의 허리에 매어 주고 백마에 태웠습니다. 이들이 주고받은 황금 허리띠와 백마는 칸을 상징하는 것입니다. 이제 테무친은 자무카와 대등한 지위에 오른 것입니다. 안다 관계를 새롭게 한 두 사람은 신성한 나무 아래에서 즐겁게 연회를 베풀었습니다. 두 사람은 우정을 더욱 돈독히 했고, 이 우정이 영원하리라 믿었습니다.

한편, 메르키트족에게서 구출된 보르테는 얼마 뒤 사내아이를 낳았습니다. 그러나 그 아이는 테무친의 아이가 아닌 메르키트족의 아이였습니다. 테무친의 어머니와 여러 장수들은 이 일을 두고 큰 고민에 빠졌습니다. 하지만 이 문제는 테무친의 말 한 마디로 일단락되었습니다.

"공연히 뒤에서 이렇다 저렇다 얘기하지 말라. 보르테는 그 누가 뭐래도 내 아내다. 그녀가 낳은 아이도 내 자식이다. 어찌 내 자식을 버리겠는가?"

테무친은 기꺼이 보르테가 낳은 아이를 자기 아들로 받아들였습니다. 테무친은 그 아기에게 나그네라는 뜻의 '주치'라는 이름도 지어 주었습니다.

칭기즈칸의 성공 비밀 일곱!

★ 적도 끌어안는 포용력을 키우다 ★

　긍정은 어떤 시련도 극복하게 하는 힘입니다. 만약 테무친이 보르테를 잃고 슬픔에만 잠겼다면 어찌 되었을까요? 테무친은 슬픔을 털고 일어나 납치당한 보르테를 꼭 다시 찾겠다고 결심했습니다.

　테무친과 보르테 사이에는 믿음과 사랑이 있었습니다. 보르테를 향한 테무친의 신뢰는 보르테를 구출한 다음에 더 분명하게 드러났습니다. 보르테를 구해 왔을 때 보르테는 임신 중이었습니다. 그러나 그 아기는 테무친의 아기가 아니었습니다. 모두들 보르테와 아기를 놓고 수군거렸습니다. 그러나 테무친은 보르테가 낳은 아기를 자기 자식으로 인정했습니다. 사랑하는 아내 보르테가 낳은 아기였기 때문입니다. "보르테의 자식은 내 자식이다"라는 한 마디 말로 그는 사람들의 수군거림을 불식시켰습니다. 그 아이가 바로 칭기즈칸의 장자인 주치입니다.

　테무친은 놀라운 포용력을 지닌 지도자였습니다. 그는 적군을 철저하게 응징했지만 적군이라도 자신에게 충성을 맹세하면 자기 수하에 두는 포용력을 보여 주었습니다. 그런 포용력 덕분에 테무친은 그 넓은 땅을 다스릴 수 있었습니다. 또한 점령지의 문화와 종교도 인정했습니다. 남의 다른 점을 인정하고 그것을 존중하는 포용력, 약자를 너그럽게 감싸고 용서하는 포용력이 테무친을 세계적인 지도자로 만들어 주었습니다.

　나와 다른 사람도 인정하고 친구로 받아들이는 자세, 우리 어린이들도 꼭 길렀으면 합니다.

우정, 재기의 발판이 되다

메르키트족과의 싸움에서 토그릴 칸과 자무카가 전리품을 거의 다 차지했지만 테무친도 많은 것을 얻었습니다.

"테무친의 아내를 구하기 위해 토그릴 칸과 자무카까지 나선 것을 보면 테무친이 보통 사람은 아닌 모양이야."

사람들은 테무친을 점점 높이 평가했습니다. 그러나 그의 친구 자무카에 비할 바는 아니었습니다.

'아직 우리 부족의 힘은 미약하기 그지없다. 거친 초원에서 약한 부족은 강한 부족에게 짓밟히기 마련이야. 다른 부족의

힘을 빌리는 것이 현명해.'

이렇게 생각한 테무친은 자무카를 찾아갔습니다. 기왕 다른 부족에게 의탁할 것이라면 같은 몽골족인 자무카 밑으로 들어가는 편이 낫다고 생각한 것입니다.

"이곳은 참 살기 좋은 곳 같아. 우리 함께 이곳에 머물며 가축을 살찌우고 병사들을 훈련시키는 것이 어떻겠나?"

"그거 좋은 생각이네. 우리 함께 지내며 지난 추억도 되새겨 보세나."

자무카는 테무친의 제안을 순순히 받아들였습니다. 함께 유목한다는 것은 대단한 결속을 의미했습니다. 그런데 자무카의 몇몇 부하들은 자무카와 테무친이 함께 어울리는 것을 반대했습니다.

"테무친은 호랑이 새끼와 같습니다. 어찌 그런 자를 들이려 하십니까?"

"맞습니다. 테무친을 곁에 두었다가는 큰 화를 당할 것이 분명합니다."

그러나 자무카는 한 번 결심한 것을 거두지 않았습니다.

"하하하. 호랑이 새끼가 무엇이 무섭겠느냐? 더군다나 테무친같이 유명한 전사가 내 밑에 있다면 도리어 내 위세는 하늘을 찌를 것이다."

테무친과 그의 부족 사람들은 자무카의 밑으로 들어가 살게 되었습니다. 덕분에 테무친과 부족 사람들은 적의 위협을 피해 편안히 살 수 있었습니다. 테무친도 자무카와 사냥을 즐기며 오랜만에 맞이한 평온을 만끽했습니다.

두 사람은 전장에서 거둔 전리품을 서로 나누며 다시 한 번 안다의 맹세를 했습니다. 함께 식사를 하고 같은 이불 속에서 자며, 서로의 우정을 몽골 부족 전체에게 널리 알려 부족의 화합과 안정을 도모했습니다. 그렇게 1년이 지나갔습니다. 테무친이 막 잠자리에 들려 하는데, 보르테가 근심스런 표정으로 말을 걸어왔습니다.

"언제까지 자무카 밑에서 사실 겁니까?"

"우리 부족이 살아남으려면 당분간 이 방법밖에 없소."

"지금도 자무카 부족은 우리를 업신여기고 있습니다. 만약 당신이 죽거나 당신에게 무슨 일이라도 생기면 그때도 자무카가 우리 부족을 공정하게 보살펴 줄까요? 필시 우리 부족을 노예로 만들 겁니다. 당신은 우리 아들딸들이 자무카의 노예가 되기를 바라세요?"

자무카 밑에 오래 머물 생각이 없던 테무친은 보르테의 말을 듣고 깨달은 바가 컸습니다. 그동안 테무친과 자무카는 친구로서 돈독한 관계를 유지했지만, 의견이 맞지 않을 때가 많았습니다. 테무친과 의형제를 맺은 자무카는 본래 성격이 거칠고 냉정하고 인정이 없었습니다. 그 까닭에 두 사람은 다투는 일이 자주 생겼습니다. 그러나 테무친은 세력이 아직 미약하여 자무카의 의견을 존중했습니다. 하지만 자무카는 테무친을 친구로 인정하면서도, 테무친을 신뢰하지는 않았습니다. 중요한 일을 결정할 때는 번번이 테무친을 제외시켰습니다. 모든 일이 마무리가 된 다음에야 테무친에게 말해 주기도 했습니다. 테무친은 중요한 일을 주변의 사람들과 상의하고 결정했지만 자무카는 그렇지 않았습니다.

테무친은 부족 사람들을 대할 때 자기 자신을 철저히 낮추었습니다. 하급 군사와 그 가족들이 먹는 것과 같은 음식을 먹었고, 그들과 같은 옷을 입었으며, 그들과 같은 초라한 게르에서 지냈습니다. 그들이 원하면 언제든지 자신의 말을 타도록 했습니다. 또한 포로로 잡은 적군이라도 테무친에게 충성을 맹세하면 자기 군사로 받아 주었습니다. 반면, 자무카는 오랜 관습에 따라 귀족은 하층민과 구별되어야 한다고 보았습니다. 따라서 귀족은 귀족답게 하층민을 다루어야 한다고 생각했습니다. 자무카는 귀족과 노예가 존재하지 않고 부족도 존재하지 않는 평등하고 통일된 몽골을 상상조차 할 수 없었습니다. 자무카는 몽골의 평화는 기존 질서를 바탕으로 자신의 부족을 강대하게 키우는 것이라고 생각했습니다. 자무카는 그 힘을 바탕으로 칸 중의 칸이 되고 싶었습니다.

"자네 말이 틀리다는 게 아니야. 내 생각은 모든 이들을 평등하게 대하면 우리를 자연스럽게 따르게 된다는 것일세."

그들은 선의의 경쟁을 약속했지만, 서로 견해가 달랐습니다. 이러한 큰 차이를 확인하면서, 자무카는 테무친을 자신과 뜻이 다른 사람이며 한 하늘 아래 함께 갈 수 없는 인물이라고 마음을 굳혔습니다. 테무친 역시 자무카 곁을 떠나기로 결심했습니다. 그러나 무작정 떠난다고 해결될 문제는 아니었습니다.

'이대로 떠난다면 우린 또다시 다른 부족의 위협에 시달리게 될 거야.'

부족의 힘이 약하면, 적의 위협에 시달릴 수밖에 없었습니다. 부족의 힘을 키우기 위해서는 무엇보다 따르는 사람이 많아야 했습니다.

'그래. 내가 자무카의 곁을 떠날 때, 많은 사람들이 날 따르도록 만들자.'

테무친은 예언을 하는 샤먼들에게 접근했습니다.

"장차 하늘이 날 선택할 거라 사람들에게 말해 주게나."

테무친은 샤먼에게 부탁하고 자기가 직접 나서서 사람들의 신망을 얻고자 했습니다. 그래도 아직 테무친의 세력은 자무카에 비해 미약했습니다. 힘 있는 자들이 테무친을 선뜻 따를 리 없었습니다. 테무친은 힘없고 소외당하는 사람들에게 접근하기로 했습니다.

"나는 부하들을 동등하게 대한다. 거둔 수확물은 똑같이 나누고, 충성을 맹세한 자는 끝까지 지켜 준다. 뜻을 품은 자들은 나에게 오라."

테무친의 생각은 정확히 맞아떨어졌습니다. 사람들이 수군거렸습니다.

"테무친과 자무카 중 누구 밑에 들어가는 게 좋을까?"

"자무카의 세력은 토그릴 칸마저 경계할 정도로 강력해. 반면 테무친은 아직 애송이에 불과하지. 그런 테무친에게 우리 장래를 맡겨도 될까?"

"하지만 테무친이 누구인가? 예수게이의 아들이 아닌가? 테무친 밑에 들어간다면 장차 크게 성공할 수 있을 거야."

그동안 소외되고 차별받던 사람들이 하나둘 테무친 밑으로 모여들기 시작했습니다. 이런 가운데, 이상한 소문이 나돌았습니다. 물론 테무친이 미리 손을 쓴 것입니다.

"신께서 말씀하시길 장차 테무친이 몽골 전체를 지배하게 된다더군."

"그렇다면 테무친 밑으로 들어가야 하지 않겠나?"

이런 소문이 퍼지자, 더욱 많은 사람들이 테무친 밑으로 모여들었습니다. 자무카를 따르던 사람들까지 테무친 밑으로 들어갔습니다. 상황이 이렇게 돌아가자, 그제야 자무카도 사태의 심각성을 깨달았습니다.

'계속 테무친을 곁에 두었다가는 큰일 나겠군.'

자무카와 테무친이 마주 섰습니다.

"당장 너희 부족을 데리고 이곳을 떠나라. 옛정을 생각해 죽이지는 않겠다. 허나 이제부터 너와 나는 친구가 아니다."

결국 1여 년 만에 테무친은 부족 사람들을 데리고 자무카의 곁을 떠났습니다.

'미안하네. 안다, 자무카. 내가 자네 밑으로 들어간 것은 자네의 그늘 밑에서 내 세력을 키우기 위함이었다네. 허나 자네가 진정 천하를 제패할 위인이라면 어찌 내 잔재주로 대업을 그르치겠는가? 그건 하늘이 주관할 일이겠지. 또 보세. 친구여.'

수만 명의 일행을 이끌던 자무카와 삼천 정도의 일행을 이끌던 테무친은 각자 자기 갈 길을 가게 되었습니다. 자무카와의 결별로 마음이 무거워진 테무친은 묵묵히 길을 가다 뽀얗게 먼지가 이는 자신의 군사 행렬을 뒤돌아보았습니다. 그리고 깜짝 놀랐습니다. 몇 천의 군사에 불과하던 그 행렬이 꼬리에 꼬리를 물고 저 너머까지 까마득히 이어져 자신을 따라오고 있었습니다. 양 진영이 두 무리로 나누어 길을 떠날 때 자무카의 많은 군사와 그 가족들이 테무친 진영으로 옮겨왔던 것입니다.

그들은 그동안 테무친이 보여 준 겸손과 공명정대함, 그리고 그의 명쾌한 통솔력에 이끌렸던 것입니다. 그리하여 몽골

대초원의 바람 앞에 초라하기 그지없던 테무친은 이제 자신을 따르는 많은 장수들과 수만의 군사를 얻게 되었습니다. 이는 테무친이 단순히 막강한 군사력을 갖게 된 것보다 큰 의미가 있었습니다. 몽골고원의 민심을 얻기 시작한 시발점이 된 것입니다. 자무카와 헤어짐으로써 테무친은 몽골 부족의 패권 싸움에 적극적으로 참여하려는 자신의 의지를 세상에 알렸습니다. 여러 씨족들이 개인으로 혹은 집단으로 테무친 밑으로 모여들었습니다. 주변 유목민들을 받아들이면서 테무친의 세력은 급격하게 성장했습니다. 몇 년이 흐르자 테무친은 큰 부족을 이루었습니다. 자기 힘으로 부족을 키워 드디어 아버지 예수게이 시대와 같이 강력한 부족을 만드는 데 성공한 것입니다. 이제 테무친에게 남은 것은 아버지 예수게이가 살아생전 이루지 못했던 몽골고원을 통일하는 일이었습니다.

테무친은 병사들을 이끌고 야생 동물을 사냥하면서 전쟁 연습을 했습니다. 그리고는 기마군 수천 명을 이끌고 맨 먼저 아버지가 돌아가시자 곧장 배신하여 그의 부족을 송두리째

※ 야생 동물을 사냥하면서 전쟁 연습을 하는 테무친. (몽골 작가 그림)

앗아간 타이치우트족을 공격하기로 했습니다. 타이치우트족은 상대편의 족장이 테무친인 것을 보고 기겁했고 즉각 방어 태세에 들어갔습니다. 그러나 테무친 군사들의 상대가 될 수 없었습니다. 복수하기 위해 갈고 닦은 그의 정예 군대를 당할 수 없었던 것입니다. 예상치 못한 일이라, 타이치우트족은 꽁지에 불붙은 생쥐처럼 정신없이 도망쳤습니다. 그러나 다이치우트족 군사들과의 싸움에서 테무친은 목에 화살을 맞고 부상을 당했습니다. 생명이 위급해지자 젤메가 상처 난 곳을 입으로 빨아 나쁜 피를 뽑아 버리고 그를 구해 주었습니다.

한밤중이 되어서야 테무친은 깨어났습니다.

"젤메! 네가 내 목숨을 구했구나. 네가 한 일을 마음속에 담아 두마."

겨우 생명을 건진 테무친은 전투가 끝난 이튿날 아침, 타이치우트족 포로들을 불러오기 시작했습니다. 활을 쏘아 테무친의 말을 쓰러뜨린 타이치우트족의 젊은 전사 예수드가 붙잡혀 처형을 기다리고 있었습니다. 그런데 예수드의 용맹함을 알아본 테무친은 그를 사면하여 십부장으로 임명하고 자신에게 충성하도록 했습니다. 그 후 예수드는 '제베', 즉 '화살촉'이란 이름으로 백부장에서 천부장으로 그리고 마지막으로 만부장까지 되어 테무친을 보필했습니다. 적의 용기를 칭찬하고 명예까지 생각하는 테무친의 태도에 몽골인은 감동했습니다. 타이치우트족의 수령 탈구타이는 간신히 숲 속에 몸을 숨겼으나 금방 생포되었습니다. 탈구타이의 형제들이 그를 구출하기 위해 공격해 오자 테무친은 그 자리에서 탈구타이와 그 형제들을 죽였습니다. 테무친은 포로들을 자신의 휘하에 두고 보르지긴 계를 통일했습니다. 소년 시절 자신이 당한 수모를 잊지 않고 복수한 것입니다.

"나에게 오는 사람들을 막지 않는다. 또한 나를 떠나는 사람도 막지 않는다."

아버지 예수게이처럼, 테무친도 자기를 좇고자 하는 모든 이들을 받아들였습니다. 몽골에 사는 모든 이들은 하나의 부족이라고 생각했던 테무친은 한때 적이었던 사람도 받아들였습니다. 그리고 그들이 원하는 것을 주었습니다. 그들과 하나가 되기 위해 재물에서부터 노예에 이르기까지, 아낌없이 나누어 주었습니다.

★ 공평하게 사람을 대하다 ★

테무친은 새로운 땅을 계속 정벌해 나가면서 여러 민족과 문화를 접하게 되었습니다. 정복당한 민족은 천대받고 무시당하는 게 보통입니다. 그러나 테무친은 정복민들에게까지 존경을 받았습니다. 차별하지 않았기 때문입니다. 또한 그들의 문화와 전통, 종교도 인정해 주었습니다.

테무친은 종교가 다르다고, 몽골족이 아니라고, 신분이 낮다고, 정복민이라고 사람을 차별하지 않았습니다. 그래서 많은 사람들에게 인심을 얻었습니다.

테무친은 공평하려고 노력했습니다. 자신이 정복자라고 해서 화려한 생활을 하지 않았습니다. 테무친은 매우 검소했으며 부하들과 똑같이 먹고 잤습니다. 또한 자기가 가진 것을 부하들과 함께 누렸지요. 사람들은 당연히 공명정대한 테무친을 따랐습니다.

아랫사람을 공평하게 대하는 리더십은 몽골 군사의 사기를 진작시키는 데 중요한 역할을 했습니다. 몽골군은 전쟁에 앞장선 군사나 뒤에서 도와준 군사나 누구나 자기가 기여한 만큼의 공을 인정받고 그만큼의 전리품을 받을 수 있었어요.

테무친의 차별 없는 리더십에 감동한 주변 부족들이 자진해서 테무친 밑으로 들어왔습니다. 테무친은 적군 가운데도 뛰어난 사람이 있다면 그 사람에게 높은 지위를 주었습니다. 재능이 있으면 신분을 따지지 않고 등용했습니다.

이런 테무친의 통 큰 리더십이 테무친을 왕 중의 왕 칭기즈칸으로 만든 저력이었습니다.

여러분, 혹시 친구들을 자기의 잣대로 평가해서 편을 나누고 있지는 않나요? 편견 없이 누구와도 친구가 될 수 있는 여러분이 되었으면 합니다.

칸, 초원의 지배자

'몽골 부족이 번영하기 위해서는 먼저 통일을 해야 한다. 통일을 못하면 우리는 늘 떠돌아다니는 신세를 벗어나지 못할 것이다. 이 지긋지긋한 가난에서 벗어나기 위해서라도 통일은 꼭 필요하다.'

마침내 테무친은 몽골 부족의 통일을 계획했습니다. 그러나 몽골 부족만을 통일하는 것은 원치 않았습니다. 몽골고원에 있는 모든 부족이 자신의 깃발 아래 하나로 뭉치기를 원했습니다.

소년 테무친, 칭기즈칸이 되다

"우리의 칸이 되어 주십시오."

테무친에게서 희망을 본 많은 부족들이 테무친 밑으로 들어왔습니다. 테무친의 세력이 갈수록 강성해지자, 몽골의 21개 부족장들은 푸른 호숫가에 모여 쿠릴타이(부족의 대표자들 회의로 만장일치로 모든 것을 결정한다)로 테무친을 칸으로 추대했습니다. 칸은 왕을 뜻했습니다. 칸이 된다는 것은 초원의 지배자임을 선언하는 것이었습니다.

'내가 칸이 되면 수많은 적들이 나를 노릴 것이다.'

불안한 마음도 있었습니다. 그러나 대업을 이루기 위해서는 어차피 거쳐야 할 과정이었습니다. 테무친은 부족장들의 의견을 받아들여 몽골 부족의 칸에 올랐습니다. 당시 몽골 부족 사회에는 행정 조직이 정비되어 있지 않았습니다. 칸이 된 테무친은 우선 활과 검을 차고 다니는 사람을 정하고, 음료와 식사를 담당하는 사람과 목장에서 말과 양을 돌보는 사람과 천막을 살피는 사람을 정했습니다. 그런 뒤 보오르추와 젤메를 자신의 거처를 관리할 자로 임명했습니다.

이어 토그릴 칸과 자무카에게 사람을 보내 자신이 칸이 되었음을 알렸습니다. 이 소식을 들은 자무카는 화가 났습니다. 몽골 부족의 칸이 되는 것은 자무카가 오랫동안 꿈꾸던 일이었습니다. 그리고 그 꿈을 거의 이룬 것 같았습니다. 그런데 테무친이 칸에 오른 것입니다. 자무카는 분노가 치솟았습니다.

"용서할 수 없다. 진정한 몽골 부족의 칸이 누구인지 겨뤄 보자."

자무카에게 사람을 보낸 뒤, 테무친은 생각에 잠겨 있었습니다.

'분명 자무카가 공격해 올 것이다. 전쟁이 나면 나는 일부러 패배할 것이다. 이로써 자무카에게 진 빚을 갚는다.'

여기에는 테무친의 계산이 깔려 있었습니다. 테무친은 지면서 이기는 전쟁을 계획했습니다. 자무카는 호시탐탐 테무친을 공격할 구실을 찾았습니다. 드디어 전쟁을 벌일 구실이 생겼습니다. 자무카의 동생이 테무친의 말 떼를 훔치다가 발각되어 살해당한 것이었습니다.

"내 동생이 말을 훔쳤을 리 없다. 이것은 모두 테무친의 음모다."

분노한 자무카는 자신을 따르는 열세 개 부족과 연합하여

3만 병력으로 테무친을 공격했습니다. 이에 테무친도 맞섰습니다.

"배신자들을 처단하라!"

"자무카를 무너뜨리고 몽골족을 통일하자!"

두 세력 간의 싸움은 좀처럼 우열을 가리기 힘들었습니다. 그런데 의외의 상황이 펼쳐졌습니다.

"퇴각하라, 퇴각!"

전세가 조금 불리해지자, 테무친은 기다렸다는 듯이 퇴각 명령을 내렸습니다.

"칸, 우리는 죽기를 각오하고 전쟁터에 나왔습니다. 그런데 어찌하여 이리 쉽게 군사를 물리시는지요?"

"맞습니다. 지든 이기든 죽을 각오로 싸우겠습니다."

그러나 테무친은 고개를 가로저었습니다.

"전장에서는 물러나는 법도 알아야 한다. 지금은 물러나지만 이 전쟁에서 결국 우리가 승리할 것이다. 두고 보아라."

결국 테무친은 군사를 물러, 깊은 골짜기로 숨어 들어갔습니다. 전쟁은 자무카의 일방적인 승리로 끝나는 듯했습니다.

"하하하. 테무친도 별거 아니구나."

전쟁은 너무 싱겁게 끝나 버렸습니다. 자무카는 자신을 배반하고 테무친에게 간 사람들을 모두 잡아들여 분풀이를 했습니다.

"감히 나를 배반하고 테무친을 칸으로 추대하다니 용서할 수 없다."

자무카는 자신을 배반한 사람들을 죽여 버렸습니다. 또 그들의 게르와 물건을 모두 불태우고 가축도 모두 잡아 죽였습니다.

"보았느냐? 나를 배반하는 자는 모두 이 꼴이 되고 말 것이다. 하하하."

사람들은 자무카의 잔인한 행동에 치를 떨었습니다.

"저런 잔인한 자가 진정 우리의 칸이 될 수 있을까?"

"맞아. 부하들을 사랑하고 백성을 아끼는 테무친이야말로 진정한 우리 몽골 부족의 칸이지."

자무카에게 실망한 사람들이 하나둘 테무친의 진영으로 몰려들었습니다. 자무카의 부하들까지 테무친에게 투항했습니다. 모든 것이 테무친의 계획대로 되었습니다.

"아무리 군사가 강해도 백성의 신임을 얻지 못하면 진정한

ⓒ 류성민 일러스트

칸이 될 수 없다. 나는 그것을 세상에 알리기 위해 일부러 패하여 물러난 것이다."

이제 테무친의 세력은 자무카와 당당히 겨룰 정도가 되었습니다. 하지만 테무친은 서두르지 않았습니다. 자칫 한 번의 실수로 팽팽하던 균형이 무너져 버릴지 몰랐기 때문입니다. 자무카 역시 이 점을 잘 알고 있는지라 섣불리 싸움을 걸지 않았습니다. 그 덕분에 몽골고원에는 한동안 평화가 찾아왔습니다. 그 사이 테무친은 우수한 병사를 양성하고 내정을 살피며 나라의 기반을 튼튼히 다지는 데 온 힘을 쏟았습니다. 또, 토그릴 칸의 환심을 사기 위해서도 노력했습니다.

"칼자루는 토그릴 칸이 쥐고 있어. 그가 누구를 선택하느냐에 따라 승패가 갈리겠지."

"그렇다면 토그릴 칸에게 가서 도움을 요청하시지요."

보오르추의 말에 테무친은 굳은 표정으로 고개를 가로저었습니다.

"토그릴 칸은 쉽게 나를 돕지 않을 거야. 아주 여우 같은 사람이거든."

사실 테무친이 보르테를 구하기 위해 메르키트족과 전쟁

을 벌였을 때, 토그릴 칸이 자무카를 끌어들인 것도 모두 지금과 같은 상황을 연출하기 위해서라는 것을 뒤늦게 알게 되었습니다. 당시 토그릴 칸은 하루가 다르게 성장하는 자무카를 두려워했었습니다. 그래서 자무카를 전쟁에 끌어들인 뒤, 테무친의 힘을 키워 자무카를 견제하게 한 것입니다.

"그럼 결국 우리는 토그릴 칸의 손바닥에서 놀고 있던 셈이네요."

"너무 걱정할 건 없다. 토그릴 칸이 우리를 돕지 않는다면, 반대로 그가 우리에게 도움을 청하게 만들면 되니까."

테무친은 그렇게 말하고 때를 기다렸습니다. 얼마 되지 않아 그때가 찾아왔습니다. 중국 대륙에는 남에는 송나라가, 북에는 금나라가 자리잡고 있었습니다. 이중 금나라가 가장 강성했습니다. 중원의 주인은 금나라라고 해도 과언이 아니었습니다. 그런데 금나라도 국경을 침입하는 타타르족 때문에 골머리를 앓았습니다. 타타르족은 걸핏하면 금나라 국경을 침략해 노략질을 일삼았습니다. 결국 타타르족은 금나라 황제의 노여움을 사고 말았습니다.

"도저히 참을 수 없다. 군대를 동원해 타타르족을 멸하리라."

금나라 황제는 군사를 일으켜 타타르족을 토벌하기로 했습니다. 그런데 이 소식이 테무친의 귀에까지 들어갔습니다.

'도저히 용서할 수 없는 적, 내 아버지를 독살한 자들이 아닌가? 아버지의 원수를 갚을 좋은 기회다.'

테무친은 곧바로 토그릴 칸을 찾아갔습니다.

"뭐야? 타타르족의 후방을 치자고?"

"금나라 군은 대군이지만 모두 보병입니다. 그러니 기동력 좋은 타타르족을 따라잡지 못할 것입니다. 이때 후방을 막고 있다 도망치는 타타르 군을 공격하면 쉽게 이길 수 있을 것입니다."

"오호, 과연. 타타르족도 무찌르고 금나라 황제의 환심도 얻을 수 있으니 일석이조구나."

토그릴 칸 역시 타타르족에게 앙심을 품고 있던 차였습니다. 토그릴 칸은 테무친의 말을 좇아 군사를 일으켰습니다. 아니나 다를까, 길목을 지키고 있다가 도망치는 타타르족을

■ 타타르족을 물리치기 위해 부족을 규합하다. (몽골 작가 그림)

치니, 타타르족은 제대로 싸우지도 못하고 힘없이 무너졌습니다. 그 덕분에 피 한 방울 흘리지 않고 타타르족을 궤멸시킨 금나라 황제는 크게 기뻐하며 토그릴 칸과 테무친에게 벼슬을 내렸습니다.

"이번 전쟁은 그대들의 공으로 승리했노라. 토그릴을 왕간으로, 테무친을 반란군 토벌 대장으로 임명하노라."

이때부터 토그릴 칸은 '왕 중의 왕'이라는 뜻의 왕칸으로 불렸습니다.

그런데 사실 이 전쟁의 진정한 승자는 테무친이었습니다.

"이보게 날 좀 도와주게."

그 위세 좋던 토그릴 칸이 테무친에게 도움을 요청해 왔습니다. 토그릴 칸이 타타르족과 전쟁을 하기 위해 자리를 비운 사이, 호시탐탐 왕칸의 자리를 노리던 동생이 나이만족과 힘을 합쳐 반란을 일으킨 것입니다. 그러나 테무친은 서두르지 않았습니다.

"우리는 왕칸이 저지른 실수를 되풀이해서는 안 된다."

테무친이 보오르추와 이런저런 이야기를 나누고 있을 때, 동생 카사르가 게르로 급하게 뛰어 들어왔습니다.

"주르킨족이 반란을 일으켰습니다."

"아니, 그들은 나를 따르는 부족이 아니더냐?"

"네. 하지만 평소 불만을 품고 있다가 반란을 꾀한 것 같습니다."

"알겠다."

평소에 자제심이 많던 테무친은 이번에는 자신의 분노를 그대로 드러냈습니다. 테무친은 병사들과 함께 주르킨족을 응징하러 갔습니다. 테무친은 이 무리를 장악해야 자신의 위상을 정립하고 연합정권을 무너뜨릴 수 있다고 생각했던 것입니다. 반란을 일으킨 무리를 소탕한 뒤, 왕칸을 찾아갔습니다.

"잘 와주었네, 내 아들. 덕분에 살았네."

"지금 저에게 아들이라고 하셨습니까?"

"새삼스럽게 왜 그러나? 자네는 내 아들이나 마찬가지가 아닌가?"

"그렇다면 저를 진짜 아들로 받아들여 주십시오."

"뭐라? 진짜 아들로 받아달라고?"

테무친이 왕칸을 아버지로 삼은 것은 왕칸과 더욱 굳건한 관계를 맺기 위해서였습니다. 왕칸도 이런 테무친의 속내를 잘 알고 있었습니다.

'내가 테무친의 편을 든다면, 테무친의 세력은 지금보다 더욱 강성해질 텐데. 그러면 장차 나를 위협하겠지?'

그러나 테무친 덕분에 나라를 되찾았기 때문에, 테무친의 요구를 거절할 수 없었습니다.

"조, 좋다. 오늘부터 너는 진짜 내 아들이다."

테무친은 왕칸을 거의 다 손에 넣었다고 생각했습니다. 그러나 왕칸은 그렇게 만만한 인물이 아니었습니다. 왕칸은 자기가 필요할 때마다 테무친을 찾았지만, 정작 테무친이 도움을 요청할 때는 외면했습니다.

"이 늙은 애비가 요즘 힘이 없어서 이번 전쟁에서 널 돕긴 힘들겠구나."

왕칸의 말에 기가 죽을 테무친이 아니었습니다. 그에게는 무섭고 용맹한 평생의 동지들이 있었습니다. 참모이거나 정책 쪽에서 활동하거나 전투의 지휘관들로, 그들은 자신의 일에 최선을 다했습니다. 그들은 하나같이 결속을 중시하고 배신을 혐오했습니다. 테무친은 왕칸을 믿기보다는 자신의 군대를 강화시켰습니다. 야만족의 전사처럼 무조건 격렬하게 싸울 것이 아니라 일사불란하게 움직일 수 있는 거대한 군대 체제를 구축하고자 했습니다. 체계화된 훈련, 그리고 실적과 실력에 근거한 계급, 그리고 확고한 군율로 군을 재무장했습니다. 이제 몽골군은 오합지졸의 전사가 아니었습니다. 테무친의 군은 전 세계를 공포에 떨게 한 세계의 정복군, 몽골 기병대가 되어 갔습니다.

칭기즈칸의 성공 비밀 아홉!
★작은 힘을 모아서 큰 힘을 만들다★

 뛰어난 장수가 있다고, 숫자가 우월하다고 전쟁에서 승리하는 것은 아니죠. 군사 모두가 서로를 믿고 하나의 힘으로 싸워야 승리할 수 있어요. 수많은 병사들이 서로 잘 소통해야 전투에서 이길 수 있답니다. 그러기 위해서는 단결과 화합이 중요합니다. 그런데 하나가 되는 것은 그리 쉽지 않은 일이지요. 테무친은 어떻게 하면 수만은 군사를 하나처럼 움직일 수 있을까 고민했어요. 그래서 만든 것이 천호제입니다. 천호제는 몽골의 특별한 군사행정 조직이에요.

 백 사람을 묶어 백호장을 두고 백호장 열을 묶어 천호장 아래 두었지요. 그러니까 천호장 한 사람한테 명령을 내리면 맨 밑에 부하 직원까지 명령이 잘 전달되었어요. 천호제를 바탕으로 전쟁을 치뤘기 때문에 명령을 내리면 수만의 대군이 일사불란하게 이동하고 싸우고 퇴각하고 움직일 수 있었습니다. 테무친은 천호제를 잘 이용해 군대를 쉽게 통솔할 수 있었습니다. 수많은 사람을 어떻게 움직여야 할까 고민하지 않아도 된 거죠.

줄다리기를 한 적이 있지요? 힘센 사람이 많은데도 어처구니없게 지는 경우가 있어요. 모두의 힘을 하나로 모으지 못했기 때문입니다. 작은 힘이 모여 하나가 될 때, 큰 일을 할 수 있다는 것을 기억하세요.

위기, 또 다른 기회

훈훈했던 바람 속에 냉기가 서려 들고, 찬바람이 뼛속까지 스며들기 시작하면서 겨울이 오고 있었습니다. 알타이산맥과 이르티슈 강 사이에서 유목하고 있는 나이만족이 내분을 일으켰습니다. 왕칸은 이번 기회가 나이만족을 섬멸할 좋은 때라고 여기고 테무친과 자무카를 불렀습니다.

"함께 나이만족을 섬멸하자. 그대들은 내 충성스런 동지가 아닌가?"

왕칸의 군대와 테무친, 자무카의 군대가 힘을 합치니 그 위력이 실로 대단했습니다. 연합군은 나이만족을 알타이산맥 너머로 쫓아냈습니다. 하지만 나이만족도 쉽게 무너지지는 않았습니다. 왕칸 연합군은 따뜻한 남쪽으로 군사를 돌렸습니다. 나이만족은 이 틈을 놓치지 않았습니다. 나이만족은 남쪽으로 회군하는 연합군을 기습해 큰 피해를 입혔습니다. 상황이 이러니, 왕칸은 심기가 매우 불편해졌습니다. 온 힘을 다 쏟은 전쟁에서 자칫 패하기라도 하면 자신의 입지가 흔들릴 수 있었기 때문입니다. 이 틈을 노리고 자무카가 왕칸에게 접근했습니다.

"칸, 테무친은 어디에 있습니까?"

"아마 적군의 동태를 살피고 있을 걸세."

"아직도 테무친을 믿으십니까? 테무친은 나이만족과 내통하고 있었습니다. 분명 이 시각 테무친은 나이만족과 함께 있을 것입니다."

자무카는 더욱 교묘한 말로 왕칸의 판단력을 흐리게 했습니다. 왕칸은 마음이 혼란스러워졌습니다.

"테무친이 이곳저곳을 떠도는 철새라면 저는 한곳에만 머무는 텃새지요. 어찌 제가 아닌 테무친을 믿으려 하십니까?"

결국 왕칸은 자무카의 꼬임에 넘어가고 말았습니다. 왕칸은 서둘러 군사를 철수시켰습니다. 그러나 자무카의 말은 모두 거짓이었습니다. 왕칸과 자무카가 철수하자, 테무친 군대만이 나이만족을 상대하게 되었습니다.

"왕칸은 진정 나를 죽이려는구나."

위기였습니다. 그러나 테무친의 군대가 놀라운 전투력을 발휘할 수 있는 기회이기도 했습니다. 왕칸과 자무카가 남쪽으로 군대를 철수한 사이, 테무친은 북쪽으로 군사를 철수시켰습니다. 테무친이 군사를 빠르게 철수시킬 수 있었던 것은 넓은 초원을 이동하며 살아 온 유목민이었기 때문입니다. 테무친 군대는 그 어떤 군대보다 빨리 이동했습니다. 그도 그럴 것이 테무친은 진격 속도를 높이기 위해 꼭 필요한 것만 소지했습니다. 그리고 군장도 가볍게 만들었습니다.

테무친이 북쪽으로 이동한 것은 옳은 판단이었습니다. 나이만족은 왕칸과 자무카, 테무친 중 하나를 택해 추격해야 했습니다.

"테무친의 군대는 용맹하니 추격하지 마라. 왕칸과 자무카를 추격하라."

제 꾀에 제가 넘어간 꼴이었습니다. 테무친을 함정에 빠뜨리려던 왕칸과 자무카는 나이만족의 공격에 큰 타격을 입게 되었습니다.

"왕칸을 계속 추격하라. 왕칸만이 우리의 목표다."

나이만족은 끝까지 왕칸을 추격했습니다. 결국 왕칸은 나이만족에 포위되어 사로잡힐 위기에 몰렸습니다. 이런 상황에서 왕칸이 도움을 요청할 사람은 테무친밖에 없었습니다. 왕칸은 서둘러 테무친에게 연락을 했습니다.

'나를 함정에 빠뜨릴 때는 언제고 이제 와서 도와 달라고?'

그러나 아직 테무친은 왕칸의 힘이 절대적으로 필요했습니다. 왕칸의 땅은 여전히 광대했습니다. 그를 따르는 사람도 많았습니다. 테무친은 이참에 왕칸을 완전히 자신의 손아귀에 넣기로 했습니다. 군사를 몰아 왕칸을 적으로부터 구하고, 흩어졌던 부족들도 되찾아 주었습니다.

"고맙네. 역시 자네밖에 없네."

"그렇다면 이제 셍굼과 저 중에 누가 형이 되는 겁니까?"

왕칸에게는 아들이 한 명 있었는데, 그가 셍굼입니다. 테무친이 이렇게 묻는 것은 자기를 큰아들로 인정해 달라는 요구였습니다.

'테무친 이놈이 내 나라를 물려받으려 하는구나.'

왕칸도 테무친의 속마음을 잘 알고 있었습니다. 그러나 테무친의 요구를 거절할 수 없는 상황이었습니다. 하는 수 없이 왕칸은 테무친을 큰아들로 인정했습니다. 하지만 테무친은 여기서 물러나지 않았습니다.

"아버님과 제 사이를 갈라놓은 것은 자무카입니다. 이제부터 자무카는 우리의 적입니다. 자무카가 무슨 말을 하면 반드시 저를 먼저 만나 그 진위를 가린 뒤 판단해 주십시오."

"그렇게 하겠네."

몽골고원의 패권을 놓고 테무친, 왕칸, 자무카가 3파전을 벌였습니다. 그러나 왕칸과 테무친이 굳건한 동맹관계를 맺고 있으니, 사실상 자무카만 고립된 셈이었습니다. 자무카는 테무친에게 적대적인 주변의 크고 작은 세력을 규합하려 했습니다. 테무친이 이런 움직임을 두고 볼 리 없었습니다.

"나 테무친과 적대하려는 세력은 죽음을 면치 못하리라."

테무친은 자신의 세력 확장을 두려워하여 호시탐탐 자신을 제거하려던 부족들을 차례차례 물리치고 복속시켰습니다. 과거에 몰락한 부족이 이렇게 빨리 몽골고원의 실력자로 등극하는 것을 보고 많은 부족들이 경악했습니다. 대책을 세우기 시작했습니다. 결국 그들은 자무카를 그들의 칸으로 끌어들여 그에게 '구르칸'이라는 칭호를 주고 모든 부족이 연합해 테무친의 군대와 맞서 싸우기로 했습니다.

어느 날, 초원 지대에 머무르고 있던 테무친을 한 사내가 방문했습니다. 동맹군에 속한 부족 출신의 사내, 그는 테무친이 심어둔 첩자였습니다. 첩보가 얼마나 중요한지 잘 알고 있는 테무친은 주요 부족 사이에 첩자를 심어 두고 있었습니다. 이를 통해 테무친은 자무카의 움직임을 거의 정확하게 알았습니다. 테무친은 기세를 늦추지 않고 곧바로 군사를 일으켜 자무카 군을 공격해 큰 타격을 주었습니다.

1202년 가을에는 나이만, 카타긴, 살지우드 등 여러 씨족들이 힘을 합쳐 테무친에 맞섰습니다. 테무친은 왕칸과 함께 적군을 크게 격파했습니다.

"이놈, 테무친! 이 자무카가 상대해 주마."

자무카도 뒤늦게 군사를 몰고 이 전투에 참전했습니다. 그러나 테무친과 왕칸의 연합군을 상대할 수는 없었습니다. 결국 자무카는 크게 패하고 도망치는 신세가 되었습니다. 테무친은 이번이야말로 자무카를 끝장낼 기회라고 생각했습니다. 그런데 왕칸이 테무친을 만류하고 나섰습니다.

"여보게 테무친! 자무카는 내가 끝장낼 테니, 자네는 타이치우트의 잔당들을 처리하도록 하게."

이것은 왕칸의 교묘한 술책에 불과했습니다. 그는 자무카의 뒤를 쫓는 척 하더니, 붙잡은 뒤에 도리어 자무카를 풀어 주었습니다.

"우리의 동맹이 깨진 적이 없거늘, 어찌 자네와 내가 적이 될 수 있겠는가? 자네는 여전히 내 충성스런 동맹자라네."

왕칸은 자무카의 힘이 절대적으로 필요했습니다. 만약 자무카가 없다면, 힘의 균형이 급격히 테무친 쪽으로 기울 거라고 생각했기 때문입니다. 왕칸의 속셈을 안 테무친은 크게 분노했습니다.

"왕칸, 나와 자무카 둘 중에 한 사람을 선택하십시오. 만약 나에게 맞선다면 아무리 양아버지라고 해도 결코 무사하지 못할 겁니다."

그러나 왕칸은 역시 만만한 상대가 아니었습니다. 노쇠하여 기력이 많이 떨어졌지만 여전히 막강한 세력을 보유한 군주였습니다. 그런 그가 순순히 테무친을 따를 리 없었습니다. 테무친은 강력하게 왕칸을 옭아 맬 방법을 찾았습니다. 그가 생각해 낸 것은 바로 혼인이었습니다. 그 옛날 예수게이가 테무친을 올쿠누트 씨족으로 장가보내려 했던 것과 마찬가지였습니다.

"뭐라? 나와 사돈을 맺자고?"

"그렇습니다. 제 아들 주치와 왕칸의 따님은 좋은 짝이 될 것입니다. 또한 셍굼의 아들 토사카에게는 제 딸을 시집보내려고 합니다. 그렇게 하면 저와 칸은 더욱 돈독한 관계가 될 것입니다."

"허허. 혼인만큼 강력한 동맹은 없지."

"그런데 뭘 망설이십니까? 저와의 관계가 돈독해지길 원하지 않으십니까?"

왕칸은 테무친의 제안을 거절할 명분이 없었습니다. 그러자 왕칸의 아들 셍굼이 반발하고 나섰습니다.

"아버님, 진정 이 나라를 테무친에게 송두리째 넘기려 하십니까?"

"그게 무슨 말이냐?"

"지난날 아버님은 테무친을 제 형으로 인정하셨습니다. 그런데 이제 저에게 테무친의 사돈이 되라 하십니다. 테무친은 교활한 자입니다. 테무친이 사돈을 맺으려는 것은 저와 아버님을 옭아매려는 술책입니다. 나중에는 이 나라를 송두리째 가로채려 하겠지요."

"난 모르겠다. 너에게 모든 권한을 줄 테니, 네 뜻대로 하려무나."

"아버지! 혼인을 수락하는 척하고 잔치에 초대해 제거하면 어떨까요?"

"그래, 그게 좋겠구나."

왕칸의 허락을 받은 셍굼은 테무친을 초대했습니다. 아무것도 모르는 테무친은 셍굼의 초대를 받고 가다가 사촌 집에 잠시 들르게 되었습니다. 테무친은 사촌에게 그동안의 일을 이야기했습니다.

"아무래도 이상하네. 무슨 음모가 있는 듯하군. 그냥 돌아가는 편이 좋겠네. 셍굼은 자네를 노리고 있는 게 분명해."

테무친은 그 즉시 말을 돌려 돌아갔습니다.

⑧ 셍굼 군대에 패해 도망가는 테무친 군사. (몽골 작가 그림)

"뭐야? 소수 병사만 이끌고 오던 테무친이 내 계략을 알아채고 도망갔다고? 그가 눈치챈 이상 이판사판이다. 모든 군대를 동원해 공격하자."

셍굼은 황급히 군사를 일으켜 테무친의 진영으로 들이닥쳤습니다. 테무친은 자기 군대보다 몇 배가 넘는 셍굼의 군대와 싸우기를 포기하고 말을 돌려 도망쳤습니다.

"하하하. 테무친도 별거 아니구나."

테무친 군은 도망하는 길에 많이 이탈했습니다. 부족민의 손실 역시 막대했습니다. 이 싸움의 영웅이었던 쿠일다르가

소년 테무친, 칭기즈칸이 되다

상처가 도져 세상을 떠나자 테무친은 그의 시신을 산에 묻었습니다. 테무친의 셋째아들 오고데이, 그리고 두 명의 가장 충성스러운 장수 보오르추와 보로쿨은 행방불명이 되었습니다. 위급한 상황에도 테무친은 그들을 기다렸고, 사람들은 말 옆에서 고삐를 잡고 밤을 지새웠습니다.

날이 밝자 한 사람이 멀리서 다가오는 것이 보였습니다. 보오르추였습니다. 그는 전투 중에 말이 쓰러지자 걸어서 도망치다가 짐 싣는 말을 잡아타고 돌아온 것입니다. 잠시 후 보로쿨이 왔습니다. 그는 경동맥에 상처를 입은 오고데이를 말에 태우고 왔습니다. 입으로 피를 빨아 오고데이의 상처를 치료하느라 보로쿨의 입가에는 피가 가득했습니다. 이를 본 테무친은 눈물을 흘렸습니다. 서둘러 불을 피워 상처를 불로 지졌습니다. 이제 전세는 완전히 셍굼 쪽으로 기운 듯했습니다.

그런데 뜻밖의 일이 일어났습니다. 테무친이 쉽사리 무너지자, 테무친을 공공의 적으로 삼던 진영에서 서로 패권을 차지하기 위해 다투기 시작한 것입니다. 결국 연합군은 해체되어 뿔뿔이 흩어지고 말았습니다. 왕칸의 공격을 피해 살아남은 자는 불과 열아홉 명이었습니다. 이들은 테무친에게 들어와 그에게 충성을 서약했습니다. 아홉 부족 출신의 열아홉 명은 전통적인 씨족이나 부족 관계에서 벗어나 새로운 결사체를 탄생시킨 셈입니다. 이것이 몽골제국 통일의 기초가 되었습니다.

그러던 어느 날이었습니다. 전쟁 중에 헤어졌던 테무친의 동생 카사르가 수소문 끝에 테무친을 찾아왔습니다.
"형님을 찾느라 혼났습니다. 여기 계실 줄은 몰랐습니다."
그때, 테무친의 머릿속에 좋은 생각이 떠올랐습니다.
"카사르, 좋은 꾀가 생각났네. 네가 수고 좀 해줘야겠다."
테무친은 왕칸에게 카사르의 병사 두 명을 보냈습니다. 그리고 마치 카사르가 투항해 오는 것처럼 꾸몄습니다.
"오호. 잘 생각했다."
왕칸은 크게 기뻐하고, 자신의 충성스런 신하를 보내 카사르를 맞이했습니다. 그러나 이것은 테무친의 계략이었습니다. 왕칸의 신하가 오자, 카사르는 그들의 머리를 베어버렸습니다. 카사르를 통해 왕칸이 어디에 머무는지 알아낸 테무친은 급히 군사를 몰아 왕칸을 기습했습니다.

"이놈, 테무친! 일찍이 내가 널 도운 게 실수였구나."

싸움은 테무친의 대승으로 끝났습니다. 군사를 모두 잃은 왕칸은 도움을 청하기 위해 나이만족을 찾아갔습니다. 그러나 왕칸의 운은 거기까지였습니다. 왕칸은 그의 얼굴을 알아보지 못한 나이만족 장수에게 살해당하고 말았습니다. 왕칸의 아들 셍굼도 떠돌아다니며 노략질을 일삼다가 위구르인에게 잡혀 죽었습니다. 이로써 왕칸은 역사 속으로 완전히 사라졌습니다.

칭기즈칸의 성공 비밀 열!
★ 실용 전략을 선택하다 ★

　테무친은 몽골 군대를 이끌면서 신속함을 최우선으로 생각하고 실질적인 쓸모가 있는 실용을 강조했습니다. 폼으로 살고 폼으로 죽는다는 폼생폼사가 아니라 실제로 도움을 주는 실용을 선택한 것이지요. 몽골 군대는 바람처럼 들이닥쳤다가, 바람처럼 사라지는 속도전으로 세계 여러 나라를 정복해 나갔습니다. 몽골 기마병의 속도는 어느 누구도 따라올 수 없었지요.

　테무친 군대는 멀리까지 원정을 갔기 때문에 늘 수적으로 열세였습니다. 그래서 더욱 번개처럼 빠르게 치고 빠지는 전략을 쓸 수밖에 없었어요. 몽골 군은 속도전을 효과적으로 하기 위해서 말을 최대한 활용하고 신속한 명령 체계를 만들어 냈어요. 이 방법으로 농경문화에 젖어 있던 군대를 확실하게 제압해 나갔습니다.

몽골 군대의 장비는 다른 나라 군대에 비해 무게가 십분의 일 정도였습니다. 무게를 최대한 줄여 빠른 속도를 냈습니다. 또한 몽골군은 세계 여러 곳을 진군해 나가면서 필요한 물자들을 현지에서 조달하는 방식을 취했습니다. 몽골군은 이런 전략으로 사막을 넘어, 산맥을 넘어 광대한 땅을 정복할 수 있었습니다.

어린이 여러분, 겉모습이 중요한 게 아닙니다. 실속이 중요합니다. 중국도 유럽도 처음엔 몽골 군대의 초라한 모습을 보고 비웃었습니다. 그러나 민첩하고 용맹무쌍한 칭기즈칸 군대 앞에 무릎을 꿇었습니다. 최소한의 인원과 군장으로 영토를 넓혀 간 칭기즈칸의 실용 전략은 지금의 글로벌 리더들도 배우고자 하는 강점이랍니다.

칭기즈칸, 가장 위대한 왕

왕칸의 영토와 재산은 모두 테무친 손아귀에 들어오게 되었습니다. 이때 테무친은 전리품을 어떻게 배분할지에 대해 새로운 조치를 내렸습니다. 이전까지는 적이 달아난 뒤 적진에 먼저 도착한 순서대로 전리품을 취했습니다. 이 방식으로는 맨 앞에서 싸우는 사람만 득을 보았습니다. 뒤에 서거나 간접적으로 전투를 도운 사람, 다른 사정으로 전투에 참여하지 못한 사람은 얻는 것이 없었습니다. 테무친은 이런 불공평을 없애고, 조직 전체의 전투력과 소속감을 높이기 위해 혁신

소년 테무친, 칭기즈칸이 되다

적인 조치를 단행했습니다.

"모두 들어라. 공을 얼마나 세웠느냐에 따라 전리품을 나눠 갖는다."

이 방식에선 앞에 선 사람은 자기가 싸운 만큼 자기 몫을 차지하고, 뒤에서 싸움을 도운 사람도 그만큼 몫이 돌아갔습니다. 활이나 칼을 만들고 수리하는 사람도, 적의 형편이나 지형을 정찰하고 탐색하는 척후병도, 말발굽을 고친 사람도 전리품을 얻을 수 있었습니다. 최선을 다한 만큼 배분을 받게 된 것입니다. 병사들은 의욕에 불탔습니다. 전쟁에서 승리하면 자신이 기여한 만큼 대가가 반드시 돌아온다는 믿음도 갖게 됐습니다. 전리품에 대한 공정한 배분은 수적으로 열세인 테무친의 군대를 더욱 강하게 만들었습니다. 그래서 엄청난 수의 적도 제압할 수 있었습니다.

테무친은 떨어져 나간 부족과 씨족이 다시 자신에게 돌아오면 그에 따른 명성과 권위를 주겠다고 알렸습니다. 이 제안을 받아들인 부족들은 테무친의 군대에 편입되었습니다. 테무친에게 저항한 세력들은 당연히 파멸되었습니다.

왕칸이 무너지자, 자무카는 더 이상 혼자 힘으로 테무친에게 맞설 수 없음을 깨달았습니다. 그래서 자무카는 나이만족의 타양칸을 찾아갔습니다.

"테무친에게 복수할 수만 있다면, 이 한 목숨 기꺼이 바치겠습니다."

"하하하. 좋다, 좋아. 그깟 애송이를 혼내 주는 것은 식은 죽 먹기보다 쉽지."

"테무친은 결코 가벼이 볼 상대가 아닙니다. 테무친은 왕칸마저 손아귀에 넣었습니다."

"뭐라? 지금 내 힘을 의심하는 건가?"

타양칸은 대책회의를 열었습니다.

"이 동쪽에 조그만 몽골이 있다고 한다. 그 백성은 늙은 토그릴을 치고 칸이 되려한다. 하늘에는 해와 달 두 개의 빛이 있지만 땅 위에는 두 칸이 있을 수 없다. 우리가 먼저 그들의 화살을 빼앗자."

알타이산맥과 이르티슈 강 사이에 위치한 나이만족은 한때 왕칸의 케레이트족, 타타르족 등과 함께 몽골고원의 패권을 다투었을 정도로 막강한 힘을 자랑했습니다. 하지만 제아무리 막강한 군대를 가진 타양칸이라고 해도 테무친을 얕잡아 보다가는 큰코다칠 게 분명했습니다. 그러나 자무카가 아무리 조언을 해도 타양칸은 그의 말에 귀 기울이려 하지 않았습니다. 자무카의 입에서는 저절로 탄식이 터져 나왔습니다.

'아, 진정 하늘은 나를 버리시는 건가?'

그러나 자무카가 의지할 사람은 오직 타양칸뿐이었습니다. 자무카는 타양칸 곁에 머물며 최후의 일전을 대비했습니다.

한편, 고원 남부에 살고 있는 동맹 세력인 옹구트족의 족장이 테무친을 찾아왔습니다.

"나이만의 타양칸이 이곳을 공격할 것입니다. 타양칸은 나를 자기의 오른손이 되라고 사신을 파견했지요. 그러나 나는 이를 거부하고 당신에게 왔습니다."

그해 초여름, 테무친의 군대는 산 아래에 진을 쳤습니다.

"우리 군대는 수가 적다. 게다가 먼 거리를 행군하느라 모두 지쳤다. 이곳에서 일단 쉬자. 말들이 실컷 풀을 뜯어먹게 두어라."

테무친의 군대는 휴식에 들어갔습니다. 그동안 타양칸은 초소를 지키는 병사들을 통해 이들을 추적했습니다. 테무진은 나이만족에게 자신의 군사력을 속이기 위하여 널찍이 퍼져 초원 전체에 진을 쳤습니다. 밤에는 허수아비를 곳곳에 세워 놓았습니다. 곳곳에 횃불도 밝혀 원정군 규모가 엄청나게 큰 것처럼 보이게 했습니다. 타양칸은 깜빡 속아 넘어가 군대를 알타이산맥 너머로 후퇴시켰습니다. 테무친의 군대를 지치게 한 뒤 싸울 생각이었습니다.

"일단 후퇴해서 테무친 군사를 불러들이자. 서서히 뒤로 물러나면서 공격할 틈을 노리는 거지."

그러나 나이만족의 주요 지휘관과 자무카는 정면으로 싸우자고 주장했습니다.

"칸이시여. 서둘러 공격 명령을 내리십시오. 가만있다가는 적에게 포위당하고 말 것입니다."

"우리 병력이 훨씬 많은데 무엇이 걱정이 되어 먼저 공격을 한단 말인가? 많은 수의 군대가 적은 수의 군대에게 포위당하는 경우를 본 적이 있는가?"

타양칸은 여전히 테무친을 얕보고 있었습니다. 자무카는 더 이상 타양칸에게 승산이 없다는 것을 깨달았습니다.

'여기서 개죽음을 당할 바에는 다음 기회를 도모하는 게 낫겠구나.'

자무카는 서둘러 부하들과 함께 타양칸의 진영을 빠져나왔습니다. 얼마 뒤, 타양칸의 군과 테무친의 군이 일대 격전을 벌였습니다.

테무친이 타양칸의 군을 기습한 것입니다. 하지만 역시 적군은 너무 많았습니다. 일단 한번 치고 들어갔다가 꽁지가 빠지게 도망쳐야 했습니다. 수적으로 불리할 때는 전략이 중요하다면서 보오르추는 테무친에게 매복 작전을 제안했습니다.

테무친의 군대는 행군할 때는 물론이고 아무리 적군의 수가 적다 하더라도 항상 정찰병을 사방에 파견하여 복병을 조심했습니다. 그들은 높은 곳에 올라가 약 100~200킬로미터 정도를 정찰했고 토착민들을 붙잡아 전투하기에 적합한 장소와 야영지를 알아 두었습니다. 또 지휘자의 게르는 항상 높은 곳에 자리 잡고 그 주위에 순찰 경비병을 두었습니다. 낮에는 늙은 늑대와 같은 경계심으로, 밤에는 갈까마귀와 같은 눈으로 사방을 지켰습니다. 전투를 할 때는 적을 매처럼 덮쳤습니다.

카사르 군대는 지원군이 올 때를 기다려 작전을 펼쳤습니다. 산을 가운데 두고 왼쪽엔 테무친, 오른쪽엔 보오르추 군

※ 류성민 일러스트

대가 숨었습니다. 카사르 군대는 바로 적진으로 치고 들어갔습니다. 카사르 군대는 조금 싸우다가 슬쩍 달아나는 척 했습니다. 타양칸의 군은 신나게 카사르의 군대를 따르다가 산양쪽에서 쏟아져 나오는 테무친과 보오르추 군대의 습격을 받았습니다. 그러나 자무카의 말대로 때는 이미 늦었습니다. 테무친의 군대가 이겼습니다. 중상을 입은 타양칸을 부하들이 산꼭대기로 운반했습니다. 타양칸은 죽어 가고 있었습니다. 부하들이 타양칸을 정신이 들도록 흔들어 깨우고 울부짖었으나 소용이 없었습니다. 타양칸 부하들은 산을 내려와 항복하는 대신 죽을 때까지 있는 힘을 다해 싸웠습니다. 그들을 본 테무친은 놀랐습니다.

"이런 부하들이 있다면 무슨 걱정이 있겠는가!"

나이만족의 패잔병들은 테무친의 군대가 공격해 올까 봐 밤중에 가파른 산위로 오르다가 굴러떨어졌습니다. 뼈와 머리가 으깨진 패잔병들이 썩은 나무처럼 쌓였습니다. 타양칸의 아들은 도망쳤습니다. 결국 대다수의 나이만 병사들이 테무친에게 항복했습니다. 타양칸은 포로가 되어 비참한 최후를 맞이했습니다. 뒤이어 메르키트족의 잔당마저 모두 처단하니, 몽골고원은 온전히 테무친의 손아귀에 들어왔습니다.

"나이만마저 무너진 이상, 칸은 진정한 몽골고원의 주인이 십니다. 이제 몽골제국의 칸이 되었음을 세계만방에 선포하십시오."

"맞습니다. 제국을 선포하는 일을 지체해서는 안 됩니다."

그러나 테무친은 고개를 가로저을 뿐이었습니다.

"자무카의 소식은 아직 없나?"

"그는 이미 재기할 수 없는 몸입니다. 어찌 그를 경계하시는지요?"

"그는 내 오랜 친구였고 경쟁자였다. 그의 항복을 받아 내지 못하고 몽골의 칸이 되는 게 무슨 의미가 있겠는가? 그건 옛 친구에 대한 예의도 아니다."

테무친이 이렇게 말하니, 신하들도 더는 테무친을 재촉하지 못했습니다. 자무카는 전쟁터에서 빠져나와 쓸쓸하게 떠돌아다녔습니다. 자무카를 따르던 많은 사람들이 그를 떠났습니다. 부하 다섯 명이 자무카와 함께 초원을 떠돌았습니다. 그런데 자무카의 부하들은 테무친의 부하만큼 충성스럽지 못했습니다.

"자무카는 이제 끝났어. 더 이상 자무카를 따라 다녀 봐야 이득이 없다고."

"맞아. 차라리 자무카를 사로잡아 테무친에게 투항하는 것이 어떨까? 자무카는 테무친의 오랜 원수, 자무카를 끌고 간다면 분명 큰 상을 내릴 거야."

"그거 좋은 생각이다."

자무카의 부하들은 자고 있는 자무카를 밧줄로 꽁꽁 묶어 테무친 앞으로 데려갔습니다. 그러나 이들이 모르는 게 있었습니다. 테무친에게 자무카는 원수였지만, 오랜 친구이기도 했다는 사실을 말입니다.

"자기 주인을 배신한 신하들이 어찌 용서받기를 원하는가?"

테무친은 크게 노해 그 자리에서 자무카 부하들의 목을 베어 버렸습니다. 그리고 한때 안다였던 자무카의 몸에 감긴 밧줄을 손수 풀어 주었습니다.

"자무카, 내 오랜 친구여."

"……."

🏇 소년 테무친, 칭기즈칸이 되다

나이만족과의 싸움에서 대승을 거둔 테무친 군대. (몽골 작가 그림)

"내 친구, 자무카. 이제 너와 내 싸움은 끝났다. 이제 나와 손잡고 천하를 제패해 보지 않겠는가?"

그러나 자무카는 고개를 가로저었습니다.

"테무친! 난 자네의 부하가 되어 천하를 제패하는 것보다, 자네의 적수로 영원히 기억되고 싶네."

"지금 그 말은 목숨을 버리겠다는 말인가?"

"어차피 한 번은 죽을 목숨, 무엇이 아깝겠는가? 나는 하늘의 천명을 받은 안다에게 패했네. 안다여, 내 명예를 지켜 주게."

자무카는 이미 죽음을 각오하고 있었습니다. 테무친은 한동안 아무 말도 할 수 없었습니다. 자무카는 어렸을 때부터 친구였고 안다였습니다. 그는 테무친이 어려움에 처해 있을 때 도와주었지만, 테무친의 힘과 명성이 높아지자 왕칸과 테무친 사이를 갈라놓고 테무친을 경계했습니다. 자무카는 영리하고 재능이 있었으며 민첩한 결단력이 있었지만, 동시에 음흉한 사람이라 몽골 민중이 그를 신뢰하지 않았습니다.

"자무카! 다시 한 번 생각해 보게."

테무친은 다시 자신과 함께할 것을 부탁했지만, 자무카는 거절했습니다.

"안다의 마음이 편하게 나를 빨리 죽여 주게."

"자네 뜻이 그렇다면 어쩔 수 없지. 마지막으로 소원을 말해 보게나."

"내 몸에서 피 한 방울 나오지 않게 죽여 주게. 내 시신은 들짐승이 훼손하지 않게 높은 곳에 묻어 주게나."

"알겠네. 그 약속 반드시 지키겠네."

테무친은 자무카의 장례식을 성대하게 치러 주었습니다. 그리고 그의 죽음을 진심으로 슬퍼했습니다. 친구로 만나 적이 되었던 두 사람은 결국 비극적으로 헤어졌습니다.

자무카가 죽고 얼마 후, 오논 강 근처 초원에서 부족의 최고 회의인 쿠릴타이가 열렸습니다. 몽골 역사상 최대의 쿠릴타이였습니다.

"칸, 당신은 가죽 천막을 사용하는 모든 부족의 왕이십니다. 우리 모두는 당신을 칭기즈칸으로 추대합니다."

칭기즈칸은 '가장 위대한 왕'이란 뜻이었습니다. 몽골 내 크고 작은 부족의 부족장들은 테무친에게 아홉 번 절하고 충성을 맹세했습니다.

백만 명 가까운 인구에 이천만 마리에 가까운 가축을 보유한 새로운 나라가 탄생한 것입니다. 이로써 테무친은 몽골고원을 통일했습니다. 테무친이 존경한 아버지와 전설 같은 무용담을 갖고 있던 선조들도 감히 상상하지 못했던 일이었습니다. 1206년 어린 테무친이 심었던 꿈의 씨앗은 현실이 되어 몽골고원은 통일되고 테무친은 왕중의 왕인 '칭기즈칸'으로 추대되었습니다.

★더 발전된 방법을 찾다★

테무친은 창의적인 사람이었어요. 넓은 땅을 정복해 나가면서 그곳 문물을 익히는 데 게으르지 않았어요. 정복지의 문화라고 얕잡아 보지 않고 쓸모 있고 실용적이라면 자기 것으로 만들었습니다. 또한 그 기술을 더욱 새롭게 하고 업그레이드했지요.

몽골군은 창의적인 사고로 더 많은 신기술을 개발했어요. 신기술은 전투를 승리로 이끄는 데 큰 역할을 했어요. 몽골군의 무기는 활인데 사정거리가 300~500미터에 이르렀다고 해요. 또한 살상력도 대단해서 단단한 철갑옷도 뚫었다고 합니다. 그뿐 아니랍니다. 싸우기 쉽고 이동하기 편리하도록 갑옷을 가볍게 만들고 오래 앉아도 피곤하지 않은 안장, 타고 내리기 편한 등자, 상대에게 치명상을 입히는 활과 삼각철 화살, 쉽게 베고 잘 빠지게 만든 반달형 칼 등을 만들었어요. 이런 기술은 당시로서는 아주 획기적이고 대단한 것들이었어요.
　그런데 어린이 여러분, 이런 것들은 아무것도 없는 무(無)에서 나온 게 아니랍니다. 기존의 것을 어떻게 하면 발전시키고 더 좋게 만들까 하는 생각에서 나온 거예요.
　'나는 창의성이 부족해.'
　'나는 왜 뻔한 생각만 하지? 기발한 아이디어는 역시 나랑은 상관없어!'
　이렇게 말하지 마세요.
　생활 속에서 만나는 불편함과 어려움을 고쳐 나가고, 좀 더 발전시킬 수 있는 방법은 없을까 고민해 보세요. 그럼 그 문제를 해결할 수 있는 길이 보일 거예요.

개혁과 정복, 대제국을 향하여

하늘에 태양이 하나이듯, 칭기즈칸은 오직 몽골의 하나뿐인 지배자였습니다. 칭기즈칸은 몽골을 개혁하고 계속 이웃 나라를 정복해 나갔습니다. 칭기즈칸은 먼저 제도를 개혁했습니다. 제각각이던 부족 공동체 조직을 없애고 백성을 십호, 백 호, 천 호 단위로 묶었습니다. 천호장이 백성을 통솔했고, 만호장이 천호장을 통솔했습니다. 또 천호장의 아들들로 친위대를 구성해 칭기즈칸을 호위하도록 했습니다. 이렇게 하니, 칭기즈칸이 제일 높은 호장들에게 명령 한 마디만 내리

※ 칭기즈칸으로 추대된 테무친. (몽골 작가 그림)

면 수십만 명의 군사가 일사불란하게 움직일 수 있었습니다.

칭기즈칸은 또한 역참 제도를 만들었습니다. 역참은 말을 바꿔 탈 수 있는 곳입니다. 멀리까지 나가 정복을 하거나 다른 곳을 원정하려면 멀리 있는 곳에서 벌어지는 일들을 알아야 했습니다. 그때 중요한 소식은 말을 타고 가서 전해야 했습니다. 그런데 전령이 말을 타고 며칠을 달리다 보면 말은 지치게 되고 말이 다시 기운을 차려 뛸 수 있을 때까지 기다려야 했습니다. 하지만 쉬는 기간이 길면 큰 손해를 입습니다. 이를 보완하려고 역참을 둔 것입니다. 역참 허가서를 지닌 전령은 말이 지칠 때쯤 역참에 들러 말을 바꿔 타고 주린 배를 채웠습니다. 역참에 준비되어 있는 기운이 넘치는 새 말을 타고 목적지까지 갔습니다. 이러다 보니 시골에서 일어난 조그마한 일도 며칠 안에 속속들이 칭기즈칸에게 보고가 되었습니다.

칭기즈칸은 나라를 올바로 이끌어 가기 위해서 법과 규칙이 필요하다고 생각했습니다. 칭기즈칸은 몽골인과 북방 유목민이 옛날부터 시행한 합의제도인 쿠릴타이를 열어 군사 조직과 생활 관습에 관한 새로운 법령인 '야사'를 공포했습니다.

"도둑질을 한 자는 엄히 처벌하겠노라. 배신한 자는 사형에 처할 것이며, 아내를 믿지 못하는 남편과 남편을 따르지 않는 아내에게도 엄중한 벌을 내리겠노라. 함께 먹는 물을 더럽히거나 몽골인끼리 싸움을 하여도 큰 처벌을 받는다."

칭기즈칸의 야사는 엄격했습니다. 하지만 칭기즈칸은 관용도 베풀었습니다. 누구나 자기가 믿고 싶은 신을 믿을 수 있는 종교의 자유를 주었습니다. 또, 신분이 낮아도 능력이 있는 사람이라면 중요한 일을 맡겼습니다. 특히 불공평을 해소하고 조직의 전투력과 소속감을 높였습니다. 이렇게 사회를 개편하고 법을 정비해 나가니, 칭기즈칸의 명성은 더욱 높아졌습니다.

"우리 위구르는 칸께 우리 운명을 맡기고자 합니다."
 칭기즈칸의 명성이 하늘을 찌르자, 몽골 서쪽에 있는 위구르가 충성을 맹세해 왔습니다.
 "위구르가 먼저 충성을 맹세하니 이보다 기쁜 일은 없구나. 그 보답으로 위구르 왕을 내 사위로 삼겠노라."
 칭기즈칸의 사위가 된 위구르 왕은 예물로 각종 진귀한 물건을 보내왔습니다. 여태껏 칭기즈칸이 본 적이 없는 것이었습니다.
 "이 진귀한 물건은 무엇인가? 생전 처음 보는 물건이 가득하구나."
 "위구르는 동양과 서양을 잇는 길에 있습니다. 그래서 서양에서 온 물건이 가득하지요."

"그렇다면 이 세상에는 이보다 더 진귀한 물건도 많다는 것인가?"

"물론입니다. 그래서 상인들은 진귀한 물건을 구하기 위해 전 세계를 여행하고 있습니다."

위구르 왕의 말에 칭기즈칸은 크게 한방 얻어맞은 기분이었습니다.

'내가 지금까지 본 세상이 전부가 아니었구나. 이 세상은 내 생각보다 크고 넓구나.'

칭기즈칸은 고작 몽골고원의 주인이 되어 만족했던 자신이 부끄러워졌습니다. 그리고 더 넓은 세상으로 나가 자신의 뜻을 펼쳐 보기로 결심했습니다. 그런 그가 가장 처음 눈을 돌린 곳은 다름 아닌 세계의 중심인 중국이었습니다. 예부터 중국은 한족이 차지하고 있었습니다. 그런데 북방 여진족이 한족을 남쪽으로 몰아내고 중원을 차지해 나라를 세웠습니다. 그 나라가 바로 금나라입니다.

'여진족도 중국을 차지했는데 우리 몽골족이라고 못할 이유는 없지?'

칭기즈칸은 금나라를 정벌하기로 결심했습니다. 때마침

금나라에서 사신이 찾아와 칭기즈칸에게 명령했습니다.

"토벌 대장군은 황제의 명을 받들라."

금나라 황제가 죽고 새로운 황제가 즉위하자, 금나라는 사신을 보내 칭기즈칸에게 황제에 대한 충성을 맹세토록 했습니다.

"테무친은 무엇을 하는가? 당장 무릎을 꿇고 황제의 명을 받들라."

금나라 사신들은 거만하고 오만방자하기 짝이 없었습니다. 금나라가 칭기즈칸을 금나라 황제의 신하 정도로 여겼기 때문입니다. 칭기즈칸은 분노가 타올랐지만 겨우 참고 물었습니다.

"새로운 황제는 누구인가?"

"위왕이오."

위왕은 죽은 황제의 동생으로, 유약하고 우유부단하여 현명한 황제가 못되었습니다. 그런 자가 황제가 되었으니, 이제 칭기즈칸은 오랫동안 마음속에 품었던 꿈을 펼칠 때가 왔음을 직감했습니다.

"위왕은 그릇이 작고 어리석은 자다. 그런 자에게 어찌 고

개를 숙이겠는가?"

"황제의 노여움을 살 생각이오? 충성을 맹세하지 않는다면 몽골은 폐허가 되고 말 것이오."

"듣기 싫다. 당장 돌아가라."

칭기즈칸은 단호하게 금나라의 요구를 거절했습니다. 사신이 돌아가자, 보오르추가 걱정스런 표정으로 말했습니다.

"어찌하여 사신을 저리 돌려보내셨습니까? 지금 칸께서는 금나라에 선전포고를 한 것이나 마찬가지입니다."

"너무 걱정할 거 없다. 우둔한 금나라 왕은 쉽사리 몽골을 넘보지 못할 것이다. 두고 보아라."

과연 칭기즈칸의 호언은 틀리지 않았습니다. 사신이 돌아간 지 한참이 지났지만, 금나라는 별다른 움직임을 보이지 않았습니다. 상황이 이렇게 돌아가니, 칭기즈칸은 더욱 자신만만해졌습니다.

"보았느냐? 저들은 스스로 황제국이라 칭하며 복종을 강요하지만, 정작 복종을 거부한 우리에게 아무런 조치도 취하지 못하고 있다. 이제는 우리가 저들을 몰아내고 중국 대륙의 새로운 주인이 될 차례다."

칭기즈칸은 그동안 가슴에 품고 있던 계획을 털어놓았습니다. 하지만 금나라 정벌은 감히 상상조차 할 수 없는 일이었습니다. 신하들은 칭기즈칸의 생각에 반대하고 나섰습니다.

"금나라는 큰 나라입니다. 우리 힘으로 금나라와 맞서긴 어렵습니다."

"맞습니다. 자칫하다가 몽골고원 전체가 쑥대밭이 될지 모릅니다."

그러나 칭기즈칸은 그렇게 생각하지 않았습니다.

"일찍이 우리 몽골고원의 민족들은 서로 힘을 합치는 법을 몰랐다. 그래서 여기저기를 떠돌며 서로 죽고 죽이기를 반복했다. 허나 이제 우리는 하나로 뭉쳤다. 우리가 하나가 되었는데 못할 게 무엇이냐?"

칭기즈칸이 이렇게 말하니, 신하들도 더 이상 반대하지 못했습니다. 마침내 목표를 정한 칭기즈칸은 본격적으로 금나라 정벌을 준비해 나갔습니다. 그런데 한 가지 문제가 있었습니다.

"칸, 금나라를 치기 위해서는 험한 고비사막을 건너야만 합니다. 금나라에 도착도 하기 전에 사막에서 병사들이 병들고

소년 테무친, 칭기즈칸이 되다

지칠까 두렵사옵니다."

"다른 방법이 없는가?"

"서하를 통해 간다면 곧바로 금나라에 당도할 수 있습니다."

"그렇다면 서하부터 우리의 손아귀에 넣도록 하자."

중국 서북부에 위치한 서하는 탕구트족이 세운 나라로, 독자적인 문자를 사용했습니다. 과거 중원을 다스렸던 송나라와도 전쟁을 벌였을 만큼 막강한 나라였습니다. 그러나 그런 서하도 성난 칭기즈칸의 군대를 막기에는 역부족이었습니다. 칭기즈칸은 군대를 이끌고 고비사막을 가로질러 서하 변경 마을을 점령했습니다. 그리고 마침내 서하 중심부를 둘러싸고 있는 거대한 성곽과 마주쳤습니다. 몽골 군대가 처음으로 직면한 성벽이었습니다. 속도 빠른 기마전에 익숙한 몽골 군대도 성벽 앞에서는 속수무책이었습니다. 여기서 칭기즈칸은 기발한 생각을 해냈습니다.

"만약 고양이 천 마리와 제비 천 마리를 조공으로 바치면 철군하겠다!"

성 밖으로 나가는 길이 완전히 차단된 서하인들로서는 뜻밖의 제의라 무척 반가웠습니다. 가축이나 재물이 아니라 제비와 고양이를 내놓으라니 그럴 수밖에요. 그들은 서둘러 고양이와 제비를 잡아 몽골군대에게 넘겼습니다. 칭기즈칸 군대는 서하에서 받은 고양이와 제비들의 꼬리에 솜뭉치를 매달아 불을 붙인 뒤 곧바로 풀어 줬습니다. 강풍에 날리는 불꽃처럼 빠르게 제비와 고양이들은 성안 둥지로 돌아갔습니다. 잠시 후 성안 곳곳에서 연기가 피어올랐습니다. 결국 성 전체가 불바다로 변했습니다. 서하군이 불과 싸우는 동안, 몽골군은 성을 점령했습니다. 결국 서하도 칭기즈칸에게 복종을 맹세했습니다.

"우리 서하는 칭기즈칸의 백성이 될 것이옵니다."

꾀를 내어 서하를 점령하긴 했지만 칭기즈칸은 이런 임기응변이 근본적인 해결책이 될 수 없다는 걸 뼈저리게 느꼈습니다. 고심한 끝에 칭기즈칸은 성을 공격하는 무기를 개발하는 데 많은 노력을 기울였습니다. 성곽 안으로 바위를 날리고, 철문을 부수는 무기를 개발해 냈습니다. 초원의 기마병들은 이제 성을 공격하는 전술을 익히는 데 몰두했습니다. 모래주머니, 거대한 고리 버들 방패, 사닥다리 사용법을 배웠습니다. 몽골 군대는 원정 전쟁을 치르려면 군대 이동은 물론, 군

수 물자와 식량을 운반하기가 쉽지 않다는 점을 알고 있었습니다. 그래서 전장까지 동물을 끌고 다니면서 보급 문제를 해결했습니다. 여자나 아이들은 병사들이 싸우는 전선 후방에서 가축을 돌보며 군량을 지원했습니다.

몽골 군대는 군사 장비도 줄였습니다. 당시 유럽 기사단의 갑옷과 전투 무기는 70킬로그램이었지만 몽골 군장은 7킬로그램밖에 되지 않았습니다. 활과 화살도 가볍게 만들어 멀리 날아가도록 했습니다. 행군 속도를 높이기 위해 군량 무게도 줄였습니다. 전투 식량으로 보르츠(육포)를 먹었습니다. 필요한 물건은 현지에서 조달했습니다.

모든 준비가 끝나자 칭기즈칸은 곧바로 군대를 몰아 금나라로 향했습니다.

"우리를 가로막는 자들은 모두 무너뜨려라!"

몽골 군대는 거칠 것이 없었습니다. 위세 좋던 금나라 군대도 칭기즈칸 앞에서 속수무책이었습니다. 몽골 군대는 손쉽게 금나라 황제가 있는 연경까지 들이닥쳤습니다. 그러나 연경은 그리 만만한 곳이 아니었습니다. 연경은 금나라의 정예 병사들이 지키고 있었습니다. 높은 성벽으로 둘러싸인 황제

소년 테무친, 칭기즈칸이 되다

ⓖ 류성민 일러스트

의 궁은 완벽한 요새 같았습니다.

"금나라 황제는 나와서 맞서 싸우라."

그러나 금나라 병사들은 성 안에서 나오지 않고 버티기만 했습니다. 금나라가 이런 자세로 나오니, 천하의 칭기즈칸도 마땅한 방도가 없었습니다.

'난감하다. 우리는 초원에서의 싸움은 익숙하지만, 성을 공략하는 방법은 모르지 않는가.'

말을 타고 성벽을 오를 수도 없는 노릇이었습니다. 더군다나 금나라의 백성은 나라를 지키기 위해 전국 각지에서 들고일어나기 시작했습니다. 자칫 시간을 끌다가는 도리어 포위될지 모르는 상황이었습니다. 이런 사정을 칭기즈칸도 잘 알고 있었습니다.

"금나라 왕은 잘 들어라. 이번에는 여기서 물러나지만, 다음번에는 이 정도에서 끝나지 않을 것이다."

결국 첫 번째 금나라 원정은 실패로 끝났습니다. 그러나 칭기즈칸은 이것을 결코 실패라고 생각하지 않았습니다. 소중한 깨달음을 얻었기 때문이었습니다.

"보았느냐? 금나라도 우리가 충분히 이길 수 있는 상대다.

다음번에는 반드시 금나라를 정벌하고 말리라."

　첫 번째 원정은 실패했지만 칭기즈칸은 자신감을 잃지 않았습니다. 칭기즈칸은 실패를 바탕으로 다음 전투를 어떻게 치러야 할지 생각했습니다.

⊛ 거대한 성벽으로 둘러싸인 서하를 공격하기 위해 지혜를 모으다. (몽골 작가 그림)

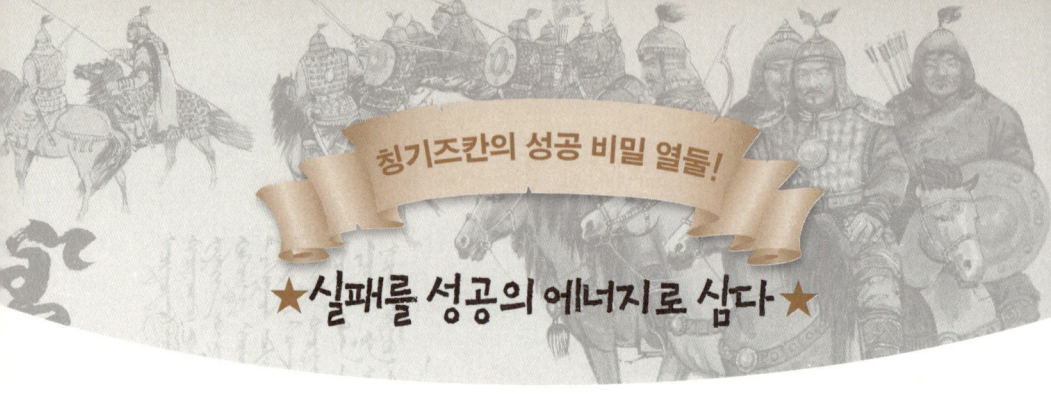

칭기즈칸의 성공 비밀 열둘!
★실패를 성공의 에너지로 삼다★

 "실패는 성공의 어머니다"라는 말을 말이 들어보았겠지요? 우리가 알고 있는 유명한 사람들은 실패를 많이 겪은 사람들이랍니다. 화려한 모습만 기억하기 때문에 실패나 실망과는 상관이 없을 것 같지만 그렇지 않습니다. 그들이 성공할 수 있었던 것은 그 실패를 경험 삼아 다음에 어떤 방법으로 접근해야 할지를 생각했기 때문입니다. 실패했다고 실망하고 포기하는 자세는 결코 바람직하지 않습니다.

 나폴레옹은 "영웅에겐 성공보다 실패가 많다"라고 했고, 에디슨은 "나는 실패한 게 아니고, 다만 전구가 안 되는 이치를 발견했을 뿐이다"라고 말했습니다. 실패를 성공의 에너지로 만든 것입니다. 칭기즈칸도 마찬가지였습니다.

 칭기즈칸은 첫 번째 금나라 정벌에서 실패했습니다. 금나라의 수도인 연경의 성벽이 너무 견고하고 높았던 까닭입니다. 초원에서 말을 타고 달리던 몽골인에게 성벽은 어려운 관문이었습니다.

금나라를 정벌하지 못했다고 칭기즈칸이 실망했을까요? 금나라는 우리가 정복할 수 있는 나라가 아니라고 생각하고 뒤로 물러났을까요? 아닙니다. 실패를 발판으로 어떻게 성벽을 넘을지 고민했습니다. 성벽을 넘을 수 있는 무기를 개발하고 말에서 내려 성벽을 기어올라 가는 방법을 연습했습니다. 실패 속에서 다음 방법을 모색한 것입니다.

내가 하려던 일을 처음부터 잘 해내지 못했다고, 열심히 공부했지만 시험 성적이 오르지 않았다고 실망하고 포기하나요?

무엇이 문제였을까? 어떻게 하면 더 쉽게 풀 수 있을까? 내가 방심한 것은 없었나 생각해 보세요. 그럼 여러분은 실패한 것이 아니라 안 된 이유를 발견한 것입니다.

주저앉는 순간, 미래는 없다

　칭기즈칸은 같은 부족끼리 서로 분열되어 싸우고 빼앗고 빼앗기는 현실을 타파하고 싶었습니다. 몽골 밖 세상에는 온갖 진귀한 것들이 널려 있었습니다. 이제 그것들을 차지하는 정복전쟁이 진정한 몽골 칸의 기개를 보여 주는 것이라 생각했습니다. 또 할아버지를 독살했던 금나라 타타르족에게 복수도 하고 싶었습니다. 어느덧 말들이 기운을 회복하자, 칭기즈칸은 군대를 이끌고 또다시 만리장성을 넘었습니다. 그런데 전쟁의 양상이 지난번과는 다르게 전개되었습니다. 칭기

 소년 테무친, 칭기즈칸이 되다

즈칸의 군대가 들이닥치자, 금나라는 일사불란하게 주변의 성과 연계해 칭기즈칸의 군대와 맞섰습니다.

'이전의 금나라 군이 아니구나.'

그러나 칭기즈칸은 당황하지 않았습니다. 오히려 적의 전략을 역으로 이용하기로 했습니다. 칭기즈칸은 적의 지원군이 온다는 소식을 들으면 재빨리 군대를 철수시켰습니다. 그리고 적의 지원군이 도착하면, 일시에 군대를 몰아 적을 섬멸했습니다. 또 일부러 진지를 버리고 달아났다가, 적이 방심한 틈을 타 기습하기도 했습니다. 이런 식으로 적을 공격하니, 적은 당황해 무너지고 말았습니다. 이번에는 몽골이 금나라를 무너뜨릴 것 같았습니다. 그런데 예상치 못한 일이 일어났습니다. 적의 기습에 칭기즈칸이 그만 부상을 당하고 만 것입니다.

"퇴각하라! 퇴각하라!"

칭기즈칸 군대는 물러날 수밖에 없었습니다. 그러나 칭기즈칸은 포기하지 않고 이듬해에 다시 군사를 일으켜 금나라를 침공했습니다.

"이번에야 말로 금나라를 무너뜨리소서."

"그렇습니다. 단번에 금나라를 우리 손아귀에 넣으소서."

부하들은 칭기즈칸을 재촉했습니다. 그러나 칭기즈칸은 고개를 가로저었습니다. 몇 차례 전투를 겪으며 금나라가 그렇게 쉽게 무너질 상대가 아님을 깨달았기 때문입니다. 칭기즈칸은 무리하게 금나라와 싸움을 벌였다가는 도리어 몽골이 위태로워질 수 있다고 생각했습니다.

"이쯤에서 돌아가자."

"그게 무슨 말씀이십니까? 조금만 더 싸우면 금나라를 무너뜨릴 수 있습니다."

"우리는 적에게 화살이 아닌 공포심을 주어야 한다. 이만하면 충분히 겁을 먹었을 게다."

부하들은 칭기즈칸의 말에 고개를 갸우뚱했습니다.

그러나 다음번 원정에서 칭기즈칸이 무엇을 노렸는지 알 수 있었습니다.

"공격하라! 우리 앞을 가로막는 것은 무엇이든 무너뜨려라!"

이번에도 칭기즈칸은 기세 있게 금나라 군을 압박했습니다. 그러나 금나라 군은 더욱 거세게 저항했습니다. 또한 금나라 백성도 나라를 지키기 위해 분연히 일어나 맞서 싸웠습니다.

"이것이 칸이 말씀하신 공포심입니까? 적은 도리어 용기를 내어 우리에게 맞서고 있습니다."

"맞습니다. 적의 저항이 더 거세지기 전에 서둘러 적을 섬멸하소서."

그러나 이번에도 칭기즈칸은 고개를 가로저었습니다.

"내가 공포심을 주려 했던 상대는 따로 있다."

칭기즈칸은 그렇게 말하고, 금나라 황제에게 서신을 보냈습니다.

"금나라 왕은 들으라. 우리 몽골과 계속 맞서 싸우고 싶다면 왕이 직접 군대를 몰고 나와 맞서라. 앞에 나와 싸우기 싫다면 우리에게 예를 갖춰 선물을 보내 화친을 청하라. 기꺼이 화친을 받아 주겠다."

칭기즈칸이 보내 온 서신을 받고, 금나라 조정은 격론을 벌였습니다.

"무례하기 짝이 없는 요구입니다. 당장 군대를 몰고 나가 몽골을 섬멸하시옵소서."

"그렇사옵니다. 적이 화친을 요구하는 것은 싸울 힘이 없기 때문입니다."

일찍이 칭기즈칸이 꿰뚫어 본 대로 금나라 황제는 겁이 많고 유약한 인물이었습니다. 게다가 계속된 전쟁으로 지쳐 있는 상태였습니다. 금나라 황제는 선물을 보내 적을 달랜다면 당분간은 나라를 유지할 수 있다고 생각했습니다.

"몽골의 병사는 너무 사납다. 당장 선물을 보내 적을 달래라. 또한 황실의 여인을 칭기즈칸에게 선물로 주도록 하여라. 그리하면 적도 이제 우리 금나라를 넘보지 않을 것이다."

결국 금나라 황제는 화친을 요구했습니다. 칭기즈칸은 기다렸다는 듯이, 금나라 조정에서 보낸 선물을 받고 군사를 돌렸습니다. 이때 칭기즈칸은 선물 이상의 것을 얻었습니다.

"황제가 몽골의 요구를 들어주고 말았다."

"우리는 끝까지 싸울 용기가 있는데 황제는 그렇지가 않은 것 같아."

사납게 타올랐던 금나라 백성의 사기는 땅에 떨어지고 말았습니다. 그런데 금나라 황제는 더욱더 실망스런 모습을 보여 주고 말았습니다.

소년 테무친, 칭기즈칸이 되다

'매년 몽골의 군대가 들이닥쳐 이제 연경까지 위협할 기세다. 다음 해에는 연경도 함락될지 모른다.'

겁에 질린 황제는 연경에 태자를 남겨 놓고, 개봉으로 도망쳤습니다. 상황이 이렇게 돌아가자, 백성은 사기가 더욱 크게 떨어졌습니다. 신하들도 하나둘 황제에게 등을 돌리기 시작했습니다.

"이제 겁쟁이 황제는 필요 없다. 태자를 새로운 황제로 모시고 몽골군에 끝까지 항전하자."

신하들은 태자를 중심으로 뭉치기 시작했습니다. 이 소식을 전해들은 황제는 행여나 태자가 황제의 자리를 빼앗을까 두려워 급히 태자를 불러들였습니다. 결국 연경은 황제도 태자도 떠난 상태가 되었습니다. 이런 상황을 칭기즈칸이 놓칠 리 없었습니다.

"지난번 화친을 맺고 우리는 이제 금나라를 공격하지 않기로 했다. 그런데 금나라 왕은 어찌하여 우리를 의심하고 수도를 옮겼단 말인가? 우리를 의심한 대가를 톡톡히 받아야 할 것이다."

칭기즈칸은 군대를 몰아 개봉으로 향했습니다. 그리고 민을 만한 신하인 무칼리에게 군대를 주어 연경을 공격하도록 했습니다. 겁에 질린 금나라 황제는 송나라로 도망쳤습니다. 주인을 잃은 연경과 개봉은 힘없이 무너지고 말았습니다. 마침내 금나라도 칭기즈칸의 손아귀에 들어왔습니다.

금나라의 황궁은 으리으리했습니다. 황궁 안에는 온갖 진귀한 물건이 넘쳐났습니다. 천하의 칭기즈칸도 입이 딱 벌어질 정도였습니다. 사람들은 칭기즈칸이 금나라 황실에 머물 것이라고 생각했습니다. 그러나 사람들의 예상은 빗나갔습니다.

"성을 쌓고 사는 자는 반드시 망할 것이다. 끊임없이 이동하는 자만이 살아남는다. 이제부터 무칼리가 금나라를 다스리라."

칭기즈칸은 금나라를 무칼리에게 맡겼습니다. 그리고 자신은 몽골고원으로 돌아가기로 했습니다.

"칸, 이곳은 으리으리한 궁전이 있고 각종 진귀한 물건이 넘쳐납니다. 이런 곳을 놔두고 어찌 황량한 몽골고원으로 가려 하십니까?"

"맞습니다. 이제 이곳에서 편히 지내십시오."

신하들은 칭기즈칸의 행동이 도무지 이해가 되지 않았습니다. 칭기즈칸은 신하들을 한번 훑어보고는 이렇게 물었습니다.

"그대들은 내가 누구라고 생각하나?"

"그야 몽골의 칸이 아니십니까?"

"그렇다. 나는 몽골의 칸이다. 그런데 몽골의 칸이 어찌 금나라의 궁전에 머물 수 있겠는가? 만약 반란이라도 일어나, 몽골고원을 빼앗긴다면, 그래도 날 몽골의 칸이라 부를 수 있겠는가? 이 자리가 좋다고 만족하며 주저앉는 순간, 미래는 없다."

칭기즈칸의 말에 신하들은 꿀 먹은 벙어리처럼 아무 대답도 못했습니다. 칭기즈칸은 계속해서 말했습니다.

"우리같이 작은 군사가 금나라와 같은 큰 나라를 정벌할 수 있던 이유가 있다. 거친 초원에서 살아남기 위해 치열하게 살았기 때문이다. 그러나 만약 우리가 옛일을 잊고 안주한다면, 우리 몽골제국은 오래가지 못하고 무너지고 말 것이다. 경들은 명심하라. 우리는 말을 타고 초원을 떠도는 몽골 전사다. 이제 나는 금나라에 만족하지 않고 새로운 정복지를 향해 나아갈 것이다."

　칭기즈칸은 멈출 줄 몰랐습니다. 그리고 더 먼 곳으로 나아가기 위해서 처음 태어나고 자란 몽골고원을 지켜야 한다고 생각했습니다. 다행히 무칼리는 믿을 만한 신하였습니다. 무칼리는 귀한 보물이 생기면 어김없이 칭기즈칸에게 보냈습니다.
　칭기즈칸이 금나라를 떠나기 전에 무칼리가 포로 한 명을 칭기즈칸에게 보내 왔습니다. 그는 금나라에서 벼슬을 하던 야율초재였습니다.
　"너는 어째서 아직도 금나라를 섬기는가?"
　"제 아비와 가족이 모두 금나라를 섬겼습니다. 그런데 어찌 제가 금나라를 버릴 수 있겠습니까?"
　한눈에 야율초재가 보통 사람이 아님을 깨달은 칭기즈칸은 그를 신하로 삼기로 하고 자비를 베풀었습니다.
　"그렇다면 이제부터는 대대로 나를 섬기도록 하여라."
　과연 칭기즈칸의 눈은 정확했습니다. 야율초재는 칭기즈칸의 충성스런 신하가 되었습니다.

어느 날, 야율초재가 칭기즈칸을 찾아왔습니다.

"칸이시여, 어찌 포로들을 함부로 죽이시옵니까?"

"저들은 금나라를 배신하고 나에게 투항해 온 사람들이다. 한번 배신한 사람은 또 배신하는 법이다."

그런데 칭기즈칸의 말에 야율초재는 고개를 가로저었습니다.

"만약 칸의 나라가 몽골고원의 작은 나라라면 칸의 말씀은 결코 틀리지 않습니다. 허나 장차 대제국을 경영하시고자 한다면, 칸의 생각은 틀렸습니다."

칭기즈칸의 결점을 지적하는 사람은 이제껏 없었습니다. 칸 중의 칸인 칭기즈칸이 한번 뱉은 말은 신의 뜻과도 같았습니다. 그러나 칭기즈칸은 야율초재의 말을 끝까지 들어 보기로 했습니다.

"그게 무슨 말이냐? 좀 더 소상히 말해 보라."

"정복하기 위해서는 힘센 병사만 있으면 됩니다. 허나 정복한 곳을 다스리기 위해서는 학식이 있고 기술이 있는 자들이 있어야 합니다. 하물며 넓은 중국 대륙을 다스리시려면 어떠하겠습니까? 재능 있는 사람들을 써야 합니다. 포로 중에서

※ '왕 중의 왕'인 칭기즈칸은 서쪽으로 호라즘제국까지 정복한다. (몽골 작가 그림)

소년 테무친, 칭기즈칸이 되다

도 재주가 있는 자는 가려서 중히 쓰시도록 하십시오."

듣고 보니 야율초재의 말이 맞았습니다. 칭기즈칸은 그동안 정복에만 신경 썼던 자신을 반성했습니다. 그리고 야율초재의 말에 따라 포로 중에서 능력 있는 자는 발탁해서 중히 썼습니다. 그리고 나라를 다스릴 인재도 양성하기로 했습니다. 금나라 정벌이 마무리 되자, 칭기즈칸은 이제껏 단 한 번도 가보지 않은 서쪽으로 눈을 돌렸습니다.

"저 서쪽에 무엇이 있는지 우리는 모른다. 서쪽으로 가자!"

칭기즈칸은 처음부터 군대를 동원하지 않았습니다. 먼저 서쪽에서 가장 가까운 곳에 위치한 호라즘제국(지금의 중앙아시아와 이란 지역)에 상인을 통해 서신을 보냈습니다.

"나는 이미 많은 영토를 차지하고 있소. 그 때문에 당신 나라를 정복할 생각은 없소. 내가 원하는 것은 교역이오. 우리 요구를 거절하지 마시오."

호라즘제국의 왕은 스스로를 '샤'(지배자)라고 칭했습니다. 칭기즈칸의 서신을 전해 받은 호라즘제국의 샤, 무함마드의 얼굴은 심하게 일그러졌습니다. 그도 그럴 것이, 호라즘제국 제국의 무함마드는 칭기즈칸 못지않은 위대한 정복자였기 때문이었습니다.

"교역하지 않는다면 우릴 치겠다는 말이 아니더냐? 칭기즈 칸이 누구기에 나에게 이리도 무엄하게 군단 말이냐?"

"샤의 명성을 아직 듣지 못한 것 같사옵니다. 고정하시옵소서."

무함마드 역시 칭기즈칸을 모르기는 마찬가지였습니다.

'이 세상에 나 말고도 위대한 왕이 또 있단 말인가? 하늘에 두 개의 해는 뜰 수 없다.'

무함마드는 칭기즈칸의 요구에 따라 처음에는 몽골 상인과의 교역을 허락해 주었습니다. 그러나 이내 마음을 바꾸어 칭기즈칸이 보낸 상인들을 무참히 죽이고 사신의 수염을 태워 돌려보내기도 했습니다. 이것은 칭기즈칸에 대한 모욕이었습니다.

"감히 나에게 도전을 해오다니. 이번엔 호라즘이 무너질 차례다."

참다못한 칭기즈칸은 호라즘제국을 정벌하기로 마음먹었습니다.

소년 테무친, 칭기즈칸이 되다

칭기즈칸의 성공 비밀 열셋!

★ 도전하지 않으면 승리는 없다 ★

　칭기즈칸이 금나라를 정벌하기로 하기 전까지 몽골족에게 있어 중국은 감히 넘볼 수 없는 상대였습니다. 실제로 금나라는 당시 중국에서 최고의 힘을 가진 나라였습니다. 동아시아의 강대국인 금나라 사람들은 번번이 몽골 사람들을 괴롭혔습니다. 몽골 사람들을 처참하게 죽이고 노예로 팔아먹기도 했습니다. 그러니 몽골 사람들이 얼마나 금나라에 이를 갈았을까요? 게다가 칭기즈칸의 할아버지도 금나라 사람에게 독살당했지요.

　결국 몽골은 금나라를 정벌하기로 결심했습니다. 금나라는 처음에 몽골을 우습게 여겼습니다. 금나라 사람들은 만리장성이라는 성벽을 초원에서만 살아온 몽골족이 절대 넘어오지 못할 것이라고 생각했습니다. 그러나 몽골은 그 성벽을 돌파해 금나라를 손안에 넣었습니다.

만약 몽골이 금나라가 동아시아의 강국이라며 계속해서 조공을 바치고 금나라의 눈치만 살폈다면 어떻게 되었을까요? 몽골은 세계적인 대제국이 될 수 없었을 것입니다.

도전이란 단어만큼 멋진 단어는 없습니다. 지금의 내 힘과 상황, 현실로 할 수 없을 것 같다고 포기하지 마세요. '어디 한번 해보자!' '난 할 수 있어!'라고 외쳐 보세요.

몽골의 도전 정신이 만리장성을 무너뜨렸듯이 지금 여러분 앞에 있는 장벽을 도전 정신으로 힘차게 뛰어넘어 보세요. 생각보다 거뜬하게 그 장벽을 넘어설 수 있을 거예요.

영웅, 신화가 되다

"성을 쌓고 사는 자는 반드시 망할 것이며, 끊임없이 이동하는 자만이 살아남을 것이다."

몽골에서 호라즘제국까지는 너무나 먼 길이었습니다. 그래서 호라즘제국을 원정하는 것을 우려하는 사람도 있었습니다.

"호라즘제국에 도달하려면 거친 중앙아시아 산맥을 넘어야 합니다. 자칫하면 그곳에 도착하기도 전에 말들은 지치고 병사들은 굶어 죽고 말 것입니다. 더군다나 칸이 자리를 비우

신 동안 반란이라도 일어나면 어찌하려 하십니까?"

칭기즈칸의 판단은 언제나 간단명료하면서도 철저했습니다.

"그렇다면 많은 말을 준비해 말이 지칠 때마다 바꾸어 타면 되지 않겠느냐? 이번 원정에는 평소 불만이 있던 사람들을 함께 데려가겠다. 그러면 반란이 일어날 걱정은 하지 않아도 되겠지?"

칭기즈칸은 신속하게 원정 준비를 했습니다. 그런데 차질이 생겼습니다. 칭기즈칸에게 충성을 맹세했던 서하가 원정에 참여하기를 거부한 것입니다.

"칸의 군대만으로 호라즘제국을 정벌하지 못한다면 우리 서하가 군대를 보낸들 승산이 있겠습니까? 칸의 군대는 적수가 없을 정도로 강하지만, 우리 군대는 미약합니다."

얼핏 들으면 칭기즈칸을 칭송하는 말과 같았지만, 실상은 그렇지 않다는 것을 칭기즈칸은 알고 있었습니다.

'원정에서 돌아오면 서하를 멸망시키고 말리라.'

서하 군대가 돕지 않아도 칭기즈칸의 군대는 용맹하게 싸웠습니다. 큰아들 주치를 선두로 25만 명의 몽골 병사가 호라즘제국으로 향했습니다. 수개월이 흐른 뒤 칭기즈칸의 군대와 무함마드의 군대가 맞부딪쳤습니다. 호라즘제국의 군대는 만반의 준비를 갖추고 있었습니다.

"저것이 칭기즈칸의 군대란 말이냐?"

호라즘제국의 지휘관은 칭기즈칸 군의 초라한 모습을 깔보았습니다. 그도 그럴 것이, 몽골의 병사들은 털 달린 가죽옷을 입고 있었고 무기는 작고 보잘것없었기 때문입니다. 게다가 몽골 말은 다른 말들보다 체구가 작았습니다. 이것은 칭기즈칸 군대의 말발굽에 짓밟힌 수많은 왕국의 역사를 모르고 하는 생각이었습니다. 몽골을 얕잡아 본 것이 호라즘제국의 결정적인 패인이 되었습니다.

"여봐라! 이곳은 길이 좁아 싸우기에 적당하지 않다. 말을 돌려 넓은 들판으로 적을 유인하여라."

칭기즈칸의 군대는 대부분 기병이었습니다. 그리고 기병은 넓은 들판에서 잘 싸웠습니다. 칭기즈칸은 군대를 돌려 싸움에 유리한 들판으로 적을 유인했습니다.

"역시나 몽골군은 겁쟁이였다. 몽골군을 추격하라."

사기가 한껏 오른 호라즘의 군대는 몽골군을 추격했습니다. 그러나 넓은 벌판에 도달했을 때, 몽골군은 급히 말을 돌려 추격하던 호라즘 군대를 일시에 덮쳤습니다.

"적군을 섬멸하라."

제아무리 호라즘제국의 군대라 해도 초원을 제집처럼 누비는 민첩한 몽골군을 당해낼 수 없었습니다. 호라즘제국과의 첫 전투에서 몽골이 승리했습니다. 그 이후에 벌어진 전투 역시 마찬가지였습니다. 무함마드는 몽골 군대보다 더 많은 병력을 가지고도 크게 패하여 쫓기는 신세가 되고 말았습니다. 몽골군에 쫓기던 무함마드는 외딴 섬에서 쓸쓸히 최후를 맞이했습니다. 칭기즈칸은 호라즘제국의 전쟁고아를 거두어 전사로 만들었습니다.

호라즘제국마저 손에 넣고 나니, 칭기즈칸의 제국은 실로 광대해졌습니다. 그러나 아직 마음을 놓지 않았습니다. 금나라는 완전히 망하지 않고 명맥을 유지하고 있었고, 중국 남쪽에는 남송이 버티고 있었기 때문입니다. 무엇보다도 서하의 존재는 칭기즈칸의 심기를 불편하게 만들었습니다. 일찍이 서하는 칭기즈칸에 충성을 맹세했습니다. 그러나 그들은 교활한 자들이었습니다. 호시탐탐 기회를 노리던 서하는 칭기즈칸의 명을 거역하기 시작했고 지난번 호라즘 원정길에도 협력하지 않았습니다. 칭기즈칸은 그런 서하를 가만 두어서는 안 되겠다고 생각했습니다. 만약 서하를 그대로 둔다면, 몽골의 지배를 받은 수많은 나라가 서하처럼 반기를 들 게 뻔했습니다. 그러나 어느덧 칭기즈칸도 백발이 성성한 노인이 되었습니다.

'어쩌면 이번 원정이 마지막 원정이 되겠구나.'

칭기즈칸은 살날이 얼마 남지 않았음을 직감했습니다. 전장에 나서기 전, 칭기즈칸은 보르테와 함께 들판을 거닐며 모처럼 한가로운 나날을 보냈습니다.

"보르테, 당신과 이렇게 시간을 보낸 적이 있던가?"

"처음 만났을 때 그랬지요."

"그렇게 오래되었나? 더 늦기 전에 아들들을 불러 사냥 대회라도 열어야겠구려."

칭기즈칸은 저마다 제국의 영토를 다스리던 아들들을 불러들였습니다. 그런데 큰아들 주치는 오지 않았습니다. 칭기즈칸은 주치가 오지 않는 것에 몹시 실망했습니다.

'혹시 내가 따뜻하게 대해 주지 않아서 오해하고 있는 건가?'

그동안 칭기즈칸은 유독 주치에게만은 따뜻하지 않았습니

다. 늘 선봉에 서서 단 한 번의 패배도 없이 용감히 싸웠지만, 칭기즈칸은 주치에게 칭찬 한 번 해주지 않았습니다. 하지만 이 모든 것은 주치를 무척 사랑해서 강하게 키우기 위해서였습니다. 그런 사실을 모르는지 주치는 끝내 오지 않았습니다. 칭기즈칸은 크게 분노했습니다.

"주치가 오지 않겠다면, 끌고라도 오라."

사태는 걷잡을 수 없이 커졌습니다. 자칫하면 부자간에 전쟁이라도 날 것 같았습니다. 그런데 얼마 후, 연락이 왔습니다. 주치가 병에 걸려 이미 이 세상 사람이 아니라는 소식이었습니다.

"어찌하여 그동안 아프다는 사실을 감췄단 말인가?"

"칸께서 걱정하실까 봐 아픈 사실을 감추라 했습니다."

"이럴 수가. 그런 줄도 모르고 주치를 원망했구나."

주치의 죽음은 칭기즈칸에게 큰 충격이었습니다. 칭기즈칸은 그동안 큰아들에게 따뜻하게 대해 주지 못한 것을 후회했습니다.

'나는 아직도 멀었구나. 나는 아직 더 배워야 할 것이 많아.'

칭기즈칸은 마지막 힘을 발휘하기로 했습니다. 주치의 장례를 치른 후, 칭기즈칸은 대군을 정비해 서하로 향했습니다. 비교적 순조롭게 서하로 진군했습니다. 마음이 한결 가벼워진 칭기즈칸은 들판에서 뛰노는 야생마들을 보고 사냥 대회를 열자고 했습니다.

"저 말들을 모두 내 충성스런 신하로 만들라. 가장 많은 말을 잡은 자에게 큰 상을 내리겠노라."

칭기즈칸의 명령을 받은 장수들은 말을 타고 들판으로 달려 나갔습니다. 장수들은 용맹한 몽골 전사답게 들판을 가로지르며 야생마를 몰았습니다.

'그대들이 들판을 누비는 한, 내 제국은 영원하리라.'

칭기즈칸은 들판을 누비는 장수들을 보고 있으니, 자신도 말을 타고 달리고 싶은 욕구가 솟구쳤습니다.

"자, 내가 간다. 초원의 주인인 내가 너희 모두를 충성스런 신하로 삼아 주마."

들판으로 뛰쳐나간 칭기즈칸은 장수들과 섞여 야생마들을 몰았습니다. 그런데 뜻밖의 사고가 일어났습니다. 칭기즈칸이 타고 있던 말이, 야생마들의 기세에 겁을 먹고 광폭하게 날뛰기 시작했습니다. 그 바람에 칭기즈칸은 말에서 떨어지고 말았습니다.

"괜찮으십니까, 칸?"

칭기즈칸의 상처는 생각보다 심했습니다. 더군다나 전장에 나가기 전, 말에서 떨어지는 것은 불길한 일이었습니다.

"아무래도 이번 원정은 포기하시는 것이 좋을 듯합니다."

"맞습니다. 이번에는 그냥 돌아가시지요."

그러나 칭기즈칸은 좀처럼 포기하지 않았습니다.

"만약 우리가 원정을 포기한다면, 서하는 우리가 겁먹고 돌아간 것이라 생각할 것이다. 그리하면 우리의 지배를 받는 많은 나라들이 우리를 업신여길 것이다. 그러면 장차 몽골제국은 위태롭게 될 것이다."

칭기즈칸의 말은 결코 틀린 말이 아니었습니다. 하지만 칭기즈칸은 회복되지 않아 도저히 전장에 나설 수 없었습니다. 결국 칭기즈칸은 서하에 사신을 보냈습니다.

"서하가 다시 한 번 충성을 맹세한다면 칸께서는 군대를 돌린다고 하셨소."

그러나 서하는 이미 칭기즈칸을 얕보고 있었습니다.

소년 테무친, 칭기즈칸이 되다

"너희 몽골은 알고 보면 오합지졸이다. 지금껏 많은 나라들이 너희 몽골에 패한 것은 너희를 과대평가했기 때문이다."

서하가 이리 나오니 칭기즈칸도 이제는 참을 수 없었습니다. 그러나 이런 상황 속에서도 칭기즈칸은 결코 냉정함을 잃지 않았습니다.

"저들이 저렇게 나오는 것은, 우리가 조급하게 마음을 먹고 공격해 오기를 바라기 때문일 것이다. 이럴 때일수록 침착하라. 서두르지 말고 적의 빈틈을 노려라."

칭기즈칸은 군대를 돌려 미처 전쟁 준비를 못한 서하의 여러 도시를 공격해 나갔습니다. 칭기즈칸이 이리 나오니 서하는 다급해졌습니다. 겨울이 되자, 서하의 주력 부대는 기다렸다는 듯이 성 밖으로 뛰쳐나왔습니다. 그런데 웬일인지 몽골군은 서하의 군대를 피해 도망치기 시작했습니다. 서하의 장수는 몽골군이 겁을 먹고 도망가는 것이라고 생각했습니다.

"역시 몽골군은 종이호랑이구나. 계속 추격하라."

몽골군은 꽁꽁 얼어붙은 황하 강을 넘어 도망쳤습니다. 서하군도 몽골군을 추격하기 위해 얼어붙은 황하강 위로 올라섰습니다. 그런데 그때, 도망치던 몽골군이 갑자기 말을 돌려

서하의 군대를 향해 돌진해 왔습니다. 곧바로 사방에서 몽골군이 쏟아져 나왔습니다. 이 모든 것이 칭기즈칸의 계략이었습니다.

"한 놈도 남기지 말고 섬멸하라."

서하의 장수는 그제야 몽골군에게 속은 것을 알았습니다. 그러나 이미 때는 늦었습니다. 당황한 서하의 병사들은 얼음판 위에서 우왕좌왕하며 나동그라졌습니다. 몇몇은 빙판에서 나왔지만, 강둑에는 칭기즈칸 군대가 지키고 있었습니다. 그 누구도 얼어붙은 강 위에서 빠져나올 수 없었습니다. 결국 서하의 주력부대는 모두 섬멸당했습니다. 서하의 왕 또한 죽음을 면치 못했습니다. 주력부대가 무너지자, 서하의 왕은 칭기즈칸의 군대를 피해 도망가다가 끝내 비참한 최후를 맞이하고 말았습니다.

'이제 서하도 끝이구나.'

서하의 왕궁이 쑥대밭이 된 상황에서 서하의 멸망은 시간 문제였습니다. 그때까지 칭기즈칸이 정복한 땅은 777만 평방킬로미터에 이르렀습니다. 100만~200만 명의 몽골인이 중국인, 이슬람인, 유럽인 1억~2억 명을 정복하고 다스린 것입니다.

　이제 칭기즈칸에게 남겨진 시간이 얼마 되지 않았습니다. 병세는 점차 악화되었습니다. 죽음을 예감한 칭기즈칸은 믿을 만한 부하들을 불렀습니다.

　"아직 전쟁은 끝나지 않았다. 만약 내가 죽었다는 소식을 적이 듣는다면 적군은 힘을 내어 저항할 것이다. 전쟁이 끝나기 전까지 결코 내 죽음을 알려서는 안 된다. 그리고 내 아들들에게 일러라. 결코 서로 싸우지 말고, 증오하지 말라고. 또

ⓧ 류성민 일러스트

한 절대 말고삐를 놓지 마라. 수많은 적이 우리에게 무릎을 꿇은 것은 우리가 거친 고원에서 왔기 때문이다. 만약 우리가 말에서 내려 저들과 같이 행동한다면, 그들은 우리를 업신여기고 우리에게 칼을 휘두를 것이다. 계속 전진하라. 내 제국보다 몇 배 더 큰 제국을 이루어라. 전 세계에 몽골 말의 발자국을 새기도록 하라."

 칭기즈칸은 그렇게 말하고 숨을 거두었습니다. 1227년 8월의 어느 날이었습니다.

 칭기즈칸이 죽고 나서 몽골제국은 어떻게 되었을까요? 칭기즈칸은 아들들에게 더 넓은 세상을 향해 행군을 계속하라고 유언을 남겼습니다. 후손은 그 유언을 지켰을까요?
 후손은 칭기즈칸의 불굴의 도전정신을 이어받아 더 넓은 세계로 뻗어나가 중국은 물론 유럽, 이슬람, 동남아시아 그리고 우리나라를 통해 일본까지 넘보는 정복전쟁을 계속했습

니다. 칭기즈칸의 손자인 쿠빌라이 시대 때에는 역사상 가장 큰 땅을 다스리는 천하 통일의 대업을 이루었습니다.

쿠빌라이 시대의 몽골제국처럼 거대한 땅을 다스린 민족은 지금까지 없었습니다. 지구의 반을 정복했던 몽골제국은 세상의 이쪽 끝과 저쪽 끝이 만나게 했고, 동서 간의 다양한 문물 교류가 이뤄지게 했습니다.

★끊임없이 움직이다★

칭기즈칸은 만족하지 않았습니다. 큰 나라를 정복했을 때도 그 화려한 궁궐에서 살지 않고 다시 초원으로 돌아가 다음 정복할 곳을 찾았습니다. 한 곳에 머무르지 않고 끊임없이 이동했지요. 고인 물이 아니라 흐르는 물이 되었던 것입니다. 고인 물은 썩지만 흐르는 물은 썩지 않습니다.

칭기즈칸은 안주하지 않고 계속 새로운 목표를 향해 나아갔습니다. 먼저 주변의 작은 부족들을 다스리고 경쟁이 될 만한 부족들을 정복하고 다음에는 자기보다 힘이 강대했던 부족들을 차례차례 복속시켰습니다. 몽골 통일이라는 위대한 업적을 이루고도 이것으로 꿈을 이루었다고 만족하지 않았습니다. 그에게는 부족 통일이 아닌 세계 지배라는 더 큰 꿈이 생긴 거지요. 서하, 금나라, 호라즘제국까지 그는 말을 타고 계속 달리며 그의 영토를 넓혔습니다. 동쪽으로 서쪽으로 북쪽으로 남쪽으로 그는 전방위적으로 움직이며 광활한 영토를 몽골의 것으로 만들었습니다.

'난 여기가 좋아' '이 정도면 됐어'라고 생각하지 않고 '다음 목적지는 어디일까?' 하며 계속 움직였습니다. 초원을 달리던 애송이 테무친이 세계 대제국의 주인공 칭기즈칸이 될 수 있었던 것은 끊임없이 이동하는 유목민의 기질을 잘 살렸기 때문입니다.

"여기까지!"가 아닌 "한 번 더!" "더 높이!" "더 넓게!" 세계를 무대로 경쟁해 나아가는 어린이 친구들이 되었으면 합니다.

소년 테무친, 칭기즈칸이 되다
1판 1쇄 2010년 4월 10일 발행
1판 5쇄 2017년 8월 21일 발행

글	주경희
일러스트	류성민
펴낸이	김정주
펴낸곳	㈜대성 해와비
등 록	제300-2003-82호
등록일	2003년 5월 6일

주소 서울시 용산구 후암로 57길 57 (동자동) ㈜대성
대표전화 (02) 6959-3140　|　**팩스** (02) 6959-3144
홈페이지 www.daesungbook.com
전자우편 daesungbooks@korea.com

ISBN 978-89-92758-65-9 (73800)
이 책의 가격은 뒤표지에 있습니다.

해와비는 ㈜대성에서 펴내는 아동서 브랜드입니다.
잘못 만들어진 책은 구입하신 곳에서 바꾸어 드립니다.

이 도서의 국립중앙도서관 출판시도서목록(CIP)은 e-CIP
홈페이지(http://www.nl.go.kr/ecip)에서 이용하실 수 있습니다.
(CIP제어번호: CIP2010000968)